Python 在财务数据分析与优化中的应用

阮孟牡　黄金玲　著

东北林业大学出版社
Northeast Forestry University Press

·哈尔滨·

版权专有　侵权必究
举报电话：0451-82113295

图书在版编目（CIP）数据

Python在财务数据分析与优化中的应用 / 阮孟牡，黄金玲著. -- 哈尔滨：东北林业大学出版社，2025.5.
ISBN 978-7-5674-3867-5

Ⅰ．F275

中国国家版本馆CIP数据核字第20253WL366号

责任编辑：乔鑫鑫
封面设计：文　亮
出版发行：东北林业大学出版社
　　　　　（哈尔滨市香坊区哈平六道街6号　邮编：150040）
印　　装：河北昌联印刷有限公司
开　　本：787 mm×1092 mm　1/16
印　　张：16
字　　数：287千字
版　　次：2025年5月第1版
印　　次：2025年5月第1次印刷
书　　号：ISBN 978-7-5674-3867-5
定　　价：85.00元

如发现印装质量问题，请与出版社联系调换。（电话：0451-82113296　82191620）

前　　　言

在当今这个数据驱动的时代，财务领域正经历着前所未有的变革。随着企业规模的扩大和市场竞争的加剧，传统的财务管理方式已难以满足企业对精细化、高效化、智能化管理的需求。数据作为新时代企业的核心资产，其潜在价值正被逐渐挖掘并转化为推动企业发展的强大动力。在这一背景下，Python作为一种强大而灵活的编程语言，凭借其丰富的数据处理库、强大的数据可视化工具以及高效的学习曲线，逐渐成为财务数据分析与优化领域的重要工具。

Python的广泛应用不仅打破了传统财务分析软件的局限性，使得财务人员能够更加灵活地处理和分析复杂多变的财务数据，还极大地提升了财务分析的效率和准确性。通过Python财务人员可以快速构建自定义的财务分析模型，实现数据的深度挖掘和智能预测，为企业的战略决策提供有力的数据支持。同时，Python还能够帮助企业实现财务流程的自动化，减少人工错误，提高工作效率，从而助力企业在激烈的市场竞争中占据有利地位。

本书正是基于这样的背景而编写的，旨在通过系统而实用的内容，帮助读者掌握Python在财务数据分析与优化中的关键技术和方法。书中不仅详细介绍了Python的基本语法和常用库，还通过大量实例展示了如何运用Python进行财务数据的清洗、处理、分析、建模以及可视化。同时，本书还结合了最新的财务管理理论和实践案例，让读者能够深刻理解Python在财务领域的应用价值，并能够将所学知识灵活应用于实际工作中。

然而，作为本书的作者，我深知财务数据分析与优化是一个复杂而深奥的领域，尽管已经竭尽所能地整理和分享了相关的知识和经验，但书中仍难免存在不足之处。因此，我衷心希望读者在阅读本书的过程中能够保持批判性的思维，结合自身的实际情况和需求进行学习和实践。同时，我也非常欢迎读者提出宝贵的意见和建议，以便我在未来的修订和完善中能够不断进步和提高。

最后，特别感谢那些为本书提供参考资料和案例的专家学者和业内人士。正是有了你们的智慧和贡献，才使得本书能够更加丰富和翔实。同时，我也要感谢我的家人和朋友在我写作过程中给予的支持和鼓励。在此，我向你们表示最诚挚的谢意！

阮孟牡　黄金玲

2025 年 3 月

目　　录

第一章　Python 基础与财务环境搭建 1
第一节　Python 简介与安装 1
第二节　财务数据分析常用库介绍 12
第三节　数据可视化库在财务中的应用 22
第四节　Python 与 Excel 数据交互 31

第二章　财务数据清洗与预处理 41
第一节　缺失值处理与异常值检测 41
第二节　数据类型转换与标准化 48
第三节　重复数据识别与去重 56
第四节　数据合并与拆分技巧 62
第五节　时间序列数据处理在财务中的应用 69

第三章　财务报表分析 77
第一节　利润表分析 77
第二节　资产负债表分析 84
第三节　现金流量表分析 90
第四节　比率分析 97

第四章　财务预测与趋势分析 105
第一节　时间序列预测基础 105
第二节　线性回归在财务预测中的应用 113
第三节　基于机器学习的财务预测 121

第五章　风险管理与信用评估 130
第一节　信用评分模型基础 130
第二节　逻辑回归在信用评估中的应用 136
第三节　决策树与随机森林在信贷审批中的实践 144
第四节　K-means 聚类分析识别风险群体 152

第六章　投资组合优化 158
第一节　现代投资组合理论简介 158
第二节　均值 – 方差模型与有效前沿 164
第三节　CAPM 模型与 Beta 系数计算 170
第四节　蒙特卡洛模拟在投资组合风险分析中的应用 177
第五节　Python 实现投资组合优化算法 185

第七章　资本成本估算 191
第一节　加权平均资本成本（WACC）计算 191
第二节　债务成本与市场风险溢价估算 197
第三节　股权成本估算 204
第四节　敏感性分析与情景分析 210
第五节　Python 工具在资本成本估算中的应用 216

第八章　财务自动化与报表生成 224
第一节　自动化财务报表生成流程 224
第二节　Python 脚本与 ERP 系统集成 230
第三节　财务报表自动化审核与校验 237
第四节　自动化工作流与任务调度 242

参考文献 249

第一章　Python基础与财务环境搭建

第一节　Python 简介与安装

一、Python 语言特点与优势

（一）简洁易读，降低学习门槛

Python 语言以其简洁明了的语法结构和易于理解的代码风格，在众多编程语言中脱颖而出，成为财务数据分析与优化领域的优选工具。这一特点对于非技术背景的财务人员而言尤为重要。传统的编程语言如 Java、C++ 等，往往因其复杂的语法和严格的类型系统而让初学者望而却步。相比之下，Python 的语法更加接近自然语言，使得财务人员在无须深入了解计算机编程底层逻辑的情况下，也能快速上手并编写出有效的数据分析代码。

Python 的简洁性不仅体现在语法层面，还体现在其丰富的内置库和第三方模块上。这些库和模块经过精心设计和优化，为数据处理、分析、可视化等各个环节提供了强大的支持。例如，Pandas 库提供了高效的数据结构（如 DataFrame）和数据处理功能，使得财务数据的清洗、转换、合并等操作变得轻松简单；Matplotlib 和 Seaborn 等可视化库则帮助财务人员将复杂的财务数据以图表的形式直观展现出来，便于理解和沟通。这些工具的使用极大地降低了财务数据分析的技术门槛，使得更多的财务人员能够参与到数据分析工作中来。

（二）灵活性强，适应多变需求

财务数据分析工作往往面临着复杂多变的需求。不同的企业，不同的项目，甚至同一项目在不同阶段都可能需要不同的数据分析方法和模型。Python 作为一种高级编程语言，其强大的灵活性和可扩展性使得它能够满足这些多样化的需求。

Python 的灵活性首先体现在其动态类型系统上。与静态类型语言相比，Python 不需要在编写代码时声明变量的类型，这使得代码更加简洁灵活，同时也减少了因类型不匹配而导致的错误。此外，Python 还支持多种编程范式（如面向对象编程、函数式编程等），使得开发人员可以根据实际需求选择最适合的编程方式。

在财务数据分析与优化领域，Python 的灵活性还体现在其丰富的第三方库和社区支持上。随着 Python 在数据分析领域的广泛应用，越来越多的库和工具被开发出来，涵盖了数据清洗、处理、分析、建模、可视化等各个环节。这些库和工具不仅功能强大，而且易于集成和扩展，为财务数据分析工作提供了极大的便利。同时，Python 社区也非常活跃，大量的开发者和专家在这里分享经验、交流心得，为财务人员提供了宝贵的学习资源和支持。

（三）高效性，提升数据处理与分析速度

在财务数据分析与优化领域，数据处理的速度和效率往往直接影响到整个分析流程的顺畅性和结果的准确性。Python 作为一种高效的编程语言，通过其内置的优化算法和高效的库支持，能够显著提升数据处理与分析的速度。

Pandas 库是 Python 中用于数据处理和分析的重要工具之一。它提供了基于 NumPy 的高性能数据结构（如 DataFrame）和一系列便捷的数据操作函数，使得财务数据的清洗、转换、合并等操作能够高效完成。同时，Pandas 还支持并行计算和向量化操作，能够充分利用现代计算机的多核处理器资源，进一步提升数据处理的速度。

除了 Pandas 库之外，Python 还提供了其他一系列高效的数据处理和分析工具，

如 NumPy、SciPy 等。这些库不仅提供了丰富的数学和科学计算函数，还通过底层的优化算法和高效的内存管理机制，确保了数据处理和分析的高效性。

在财务数据分析与优化过程中，Python 的高效性还体现在其支持的数据可视化工具上。通过 Matplotlib、Seaborn 等可视化库，财务人员可以快速生成高质量的图表和报告，直观地展示数据分析结果。这不仅有助于提升沟通效率，还能够帮助财务人员更快地发现问题、制定策略。

（四）开放性与可扩展性，支持持续创新与发展

Python 作为一种开源的编程语言，其开放性和可扩展性为财务数据分析与优化领域带来了无限可能。开源意味着 Python 的源代码是公开的，任何人都可以查看、修改和贡献代码。这种开放性不仅促进了 Python 社区的快速发展和繁荣，也为财务人员提供了更多的学习资源和支持。

在财务数据分析与优化领域，开源的 Python 库和工具为财务人员提供了丰富的选择。这些库和工具不仅功能强大、易于使用，而且可以根据实际需求进行定制和扩展。例如，Pandas、NumPy 等库提供了丰富的数据处理和分析功能，但如果这些功能无法满足特定需求，财务人员可以通过编写自定义函数或模块来扩展这些库的功能。

此外，Python 还支持与其他编程语言和工具的集成和交互。这使得财务人员可以在 Python 平台上整合多种资源和技术，构建出更加复杂和强大的数据分析系统。例如，财务人员可以将 Python 与数据库管理系统（如 MySQL、Oracle 等）集成起来，实现数据的自动化采集和更新；也可以将 Python 与机器学习库（如 scikit-learn、TensorFlow 等）结合起来，构建出基于机器学习的财务预测模型。

总之，Python 语言以其简洁易读、灵活性强、高效性以及开放性和可扩展性等优势，在财务数据分析与优化领域展现出了巨大的潜力和价值。随着技术的不断发展和应用场景的不断拓展，Python 必将在未来发挥更加重要的作用。

二、Python 版本选择与安装步骤

深入探讨 Python 版本的选择与安装步骤是开启财务数据分析之旅的重要基石。这一过程不仅关乎后续开发环境的搭建，还直接影响数据分析的效率与效果。

（一）版本选择的考量因素

在选择 Python 版本时，财务人员需要综合考虑多个因素，以确保所选版本既满足当前需求，又具备未来扩展的潜力。

首先，稳定性是首要考虑的因素。对于生产环境而言，选择经过长时间验证、稳定性高的版本至关重要。Python 的官方版本通常包括稳定版（如 Python 3.x 系列中的最新稳定版）和预览版（如 alpha、beta 版），财务人员应优先选择稳定版以避免潜在的运行时错误。

其次，兼容性也是不可忽视的因素。随着 Python 生态的不断发展，许多第三方库和工具可能仅支持特定版本的 Python。因此，在选择版本时，财务人员需要关注自己将要使用的库和工具对 Python 版本的兼容性要求，以确保所选版本能够顺利集成这些资源。

再次，性能和新功能也是选择 Python 版本时需要考虑的因素。虽然 Python 的性能并非其最强项，但不同版本之间在性能上仍存在一定差异。同时，新版本 Python 往往会引入新的语言特性和改进，这些新特性可能有助于提升数据分析的效率和效果。然而，需要注意的是，新版本的引入也可能带来一定的学习成本和潜在的不稳定性。

最后，社区支持也是选择 Python 版本时需要考虑的因素之一。一个活跃的社区意味着更多的学习资源、更快的问题解决速度和更广泛的用户基础。因此，在选择版本时，财务人员可以关注 Python 社区的活跃度、版本更新频率以及社区对特定版本的讨论和评价。

（二）安装前的准备工作

在安装 Python 之前，财务人员需要做好充分的准备工作。

首先，了解操作系统要求是必不可少的。Python 支持多种操作系统，包括 Windows、macOS 和 Linux 等。不同操作系统对 Python 的安装方式和要求可能有所不同，因此财务人员需要根据自己的操作系统选择合适的安装方法和步骤。

其次，检查系统环境也是重要的准备工作之一。在安装 Python 之前，财务人员需要检查系统中是否已安装其他版本的 Python 或相关依赖库。如果存在冲突或依赖问题，需要提前解决以避免安装过程中的错误。

最后，备份重要数据也是不可忽视的准备工作。虽然 Python 的安装过程通常不会对系统造成破坏性影响，但为了避免意外情况的发生，还是建议财务人员在安装前备份重要数据以防万一。

（三）安装步骤详解

Python 的安装过程相对简单直观，但为了确保安装成功并配置好开发环境，财务人员需要按照以下步骤进行操作。

1. 下载 Python 安装包

访问 Python 官方网站下载页面，选择适合自己操作系统的安装包进行下载。注意选择与操作系统版本和架构相匹配的安装包。

2. 运行安装包

双击下载的安装包文件启动安装程序。在安装过程中，财务人员需要仔细阅读安装向导中的提示信息，并根据自己的需求进行配置。例如，可以选择安装路径、是否将 Python 添加到系统环境变量等。

3. 完成安装

按照安装向导的提示完成安装过程。安装完成后，可以在命令行或终端中输入 python–version 或 python3–version（取决于系统配置）来验证 Python 是否成功安装并查看其版本号。

4. 安装必要的库和工具

Python 的强大之处在于其丰富的第三方库和工具。为了进行财务数据分析与优化工作，财务人员需要安装一些必要的库和工具，如 Pandas、NumPy、Matplotlib 等。这些库和工具可以通过 Python 的包管理工具 pip 进行安装。

（四）安装后的验证与配置

安装完成后，财务人员需要进行一系列的验证和配置工作以确保 Python 开发环境能够正常运行。

首先，验证 Python 安装是必不可少的步骤。通过命令行或终端输入 python 或 python3 进入 Python 交互模式并尝试执行一些简单的命令来验证 Python 是否安装成功。

其次，配置环境变量（如果安装时未自动配置）也是重要的步骤之一。将 Python 的安装路径添加到系统的环境变量中可以使得在任何目录下都能通过命令行或终端调用 Python。

再次，安装 IDE 或文本编辑器也是提升开发效率的关键。IDE（集成开发环境）如 PyCharm、VS Code 等提供了丰富的代码编辑、调试和项目管理功能；而文本编辑器如 Sublime Text、Atom 等则更加轻便灵活。财务人员可以根据自己的喜好和需求选择合适的开发工具。

最后，学习 Python 基础知识是开启财务数据分析与优化之旅的必经之路。通过学习 Python 的基本语法、数据类型、控制结构、函数和模块等基础知识，财务人员可以逐步掌握 Python 编程技能并为后续的财务数据分析工作打下坚实的基础。

三、Python 环境变量配置

Python 环境变量的配置是确保 Python 程序能够在系统中正确运行的重要步骤。正确配置环境变量不仅可以使 Python 程序能够顺利地访问和操作系统中的资源，还能简化 Python 开发环境的搭建过程。

（一）环境变量的概念与作用

环境变量是操作系统中用于指定操作系统运行环境的一些参数，它们通常由操作系统和安装在该系统上的应用程序所定义和使用。在 Python 环境中，环境变量扮演着至关重要的角色。它们可以指定 Python 解释器的位置、第三方库的安装路径、模块搜索路径等关键信息，确保 Python 程序能够找到并执行所需的资源。

具体来说，环境变量的作用包括但不限于以下几个方面。

1. 定位 Python 解释器

通过设置环境变量，系统可以知道 Python 解释器的安装位置，从而在命令行或终端中直接输入 python 或 python3 命令时，能够正确调用 Python 解释器。

2. 管理第三方库

Python 的第三方库通常安装在特定的目录下，通过配置环境变量，Python 解释器可以轻松地找到这些库并导入它们，以便在程序中使用。

3. 指定模块搜索路径

Python 的模块搜索路径（PYTHONPATH）是一个重要的环境变量，它指定了 Python 解释器在导入模块时应搜索的目录列表。通过修改 PYTHONPATH 环境变量，用户可以灵活地添加或删除模块搜索路径，从而控制模块的导入行为。

（二）环境变量的配置方法

环境变量的配置方法因操作系统而异，但大多数操作系统都提供了类似的方式来设置和修改环境变量。以下以 Windows 和 Linux 两种常见的操作系统为例进行说明。

1.Windows 系统

通过"系统属性"对话框中的"环境变量"按钮进行配置。在这里，可以添加、编辑或删除系统级或用户级的环境变量。

在命令行中使用 set 命令临时设置环境变量（仅对当前命令行窗口有效），或使用 setx 命令永久设置环境变量（需要管理员权限）。

2.Linux 系统

通过编辑用户的 shell 配置文件（如 .bashrc、.bash_profile 等）来配置环境变量。这些文件在 shell 启动时会自动执行其中的命令，从而设置环境变量。

使用 export 命令在命令行中临时设置环境变量（仅对当前 shell 会话有效），或将 export 命令添加到 shell 配置文件中以实现永久设置。

（三）Python 特定环境变量的配置

除了操作系统级别的环境变量外，Python 还定义了一些与 Python 运行环境相关的特定环境变量。这些环境变量对于 Python 程序的运行和调试具有重要影响。以下是一些常见的 Python 特定环境变量及其配置方法。

1.PYTHONPATH

如前所述，PYTHONPATH 环境变量指定了 Python 解释器在导入模块时应搜索的目录列表。在配置 PYTHONPATH 时，需要将包含自定义模块或第三方库的目录添加到该环境变量中。

2.PYTHONHOME

在某些情况下，可能需要设置 PYTHONHOME 环境变量来指定 Python 的安装目录。虽然这不是必需的（因为 Python 解释器的位置通常已经通过其他方式确定），但在某些特定的安装或调试场景中可能会用到。

3.PYTHONIOENCODING

用于指定 Python 输入/输出（I/O）操作的编码方式。这在处理不同编码格式的文本文件时特别有用。

（四）环境变量配置的最佳实践

为了确保 Python 环境变量配置的正确性和有效性，以下是一些建议的最佳实践。

1. 谨慎修改系统级环境变量

系统级环境变量对所有用户和系统服务都有效，因此应谨慎修改以避免潜在的问题。如果可能的话，尽量在用户级或项目级配置环境变量。

2. 使用虚拟环境

虚拟环境是一种隔离的 Python 运行环境，它允许用户在同一台机器上安装不同版本的 Python 解释器和第三方库，而不会相互干扰。使用虚拟环境可以避免全局环境变量的混乱和冲突。

3. 定期检查和更新环境变量

随着 Python 项目的发展和第三方库的更新，可能需要定期检查和更新环境变量以确保它们仍然有效。此外，在将项目部署到新的环境中时，也需要确保所有必要的环境变量都已正确配置。

4. 编写文档和注释

在配置环境变量时，应编写详细的文档和注释来记录每个环境变量的用途、配置方法和可能的注意事项。这有助于团队成员之间的协作和沟通，并减少因环境配置不当而导致的错误和问题。

四、Python IDE 与文本编辑器推荐

选择合适的 Python 集成开发环境（IDE）或文本编辑器对于提高编程效率、优化开发流程至关重要。这些工具不仅提供了代码编辑、调试、版本控制等功能，还通过丰富的插件和扩展支持，满足了财务数据分析领域的特定需求。

（一）IDE 与文本编辑器的区别与联系

IDE（integrated development environment）与文本编辑器在功能和使用体验

上存在显著差异，但两者在 Python 开发过程中都扮演着重要角色。IDE 通常提供了更为全面的开发支持，包括代码高亮、智能提示、代码补全、调试工具、版本控制集成等高级功能，旨在提高开发效率和代码质量。而文本编辑器则更加轻便灵活，适合快速编写和修改代码片段，或用于多人协作编辑大型项目。

尽管 IDE 和文本编辑器在功能和用途上有所不同，但它们之间也存在一定的联系。许多文本编辑器通过安装插件或扩展，可以模拟 IDE 的部分功能，从而提供更加丰富的开发体验。同时，一些 IDE 也支持轻量级模式或代码片段的快速编辑功能，以适应不同场景下的开发需求。

（二）IDE 的优势与推荐

IDE 作为专业的开发工具，其优势在于提供了全方位的开发支持。以下是几个值得推荐的 Python IDE 及其优势。

1.PyCharm

PyCharm 是 JetBrains 公司推出的一款功能强大的 Python IDE。它支持智能代码补全、语法高亮、项目管理、版本控制集成、调试工具等多种功能，并提供了丰富的插件和扩展支持。PyCharm 的社区版和专业版分别针对不同需求的用户群体，是 Python 开发者的首选工具之一。

2.Visual Studio Code（VS Code）

VS Code 是一款轻量级但功能强大的代码编辑器，支持多种编程语言，包括 Python。通过安装 Python 扩展包，VS Code 可以提供类似 IDE 的开发体验，包括代码补全、调试支持、Git 集成等功能。此外，VS Code 还支持自定义工作区、快捷键、主题等个性化设置，满足不同用户的开发习惯。

3.Spyder

Spyder 是一款专为科学计算和数据分析设计的 Python IDE。它提供了类似于 MATLAB 的界面布局，包括变量浏览器、文件浏览器、交互式控制台和代码编辑器等多个窗口。Spyder 还支持多种调试工具、性能分析工具以及集成的数据可视化功能，非常适合财务数据分析领域的开发者使用。

（三）文本编辑器的优势与推荐

尽管 IDE 提供了全面的开发支持，但文本编辑器在某些场景下仍具有独特的优势。以下是几个值得推荐的 Python 文本编辑器及其优势。

1.Sublime Text

Sublime Text 是一款流行的文本编辑器，以其快速、灵活和可扩展性而闻名。它支持多种编程语言，包括 Python 并提供了代码高亮、代码片段、多光标编辑等实用功能。通过安装 Package Control 插件管理器，用户可以轻松地安装和更新各种插件，以扩展 Sublime Text 的功能。

2.Atom

Atom 是 GitHub 推出的一款开源文本编辑器，采用了现代化的 Web 技术构建。它支持丰富的插件和主题，用户可以根据自己的需求进行定制。Atom 还提供了智能代码补全、语法检查、Git 集成等功能，以及一个活跃的社区支持，不断推动其功能的完善和发展。

3.Vim/Emacs

Vim 和 Emacs 是两款历史悠久的文本编辑器，以其高效的操作方式和强大的自定义能力而受到许多程序员的喜爱。尽管它们的学习曲线相对较陡，但一旦掌握其操作技巧，就可以实现极高的编码效率。Vim 和 Emacs 都支持多种编程语言，包括 Python 并提供了丰富的插件和扩展支持，以满足不同用户的需求。

（四）选择 IDE 或文本编辑器的考量因素

在选择 Python IDE 或文本编辑器时，需要综合考虑多个因素以确保所选工具能够满足开发需求并提高工作效率。以下是一些主要的考量因素。

1. 功能需求

根据项目的具体需求选择合适的工具。如果项目需要全面的开发支持，包括代码补全、调试工具、版本控制集成等功能，则可以选择 IDE；如果项目规模较小或仅需快速编写和修改代码片段，则可以选择文本编辑器。

2. 学习成本

不同 IDE 和文本编辑器的操作方式和界面布局存在差异，学习成本也各不相同。在选择工具时，需要考虑团队成员的熟练程度和学习意愿，以避免因工具使用不当而导致的效率下降。

3. 社区支持

一个活跃的社区意味着更多的学习资源、更快的问题解决速度和更广泛的用户基础。在选择工具时，可以关注其社区活跃度、文档完善程度以及用户评价等因素。

4. 可扩展性

随着项目的发展和需求的变化，可能需要为所选工具添加新的功能或插件。因此，在选择工具时需要考虑其可扩展性和插件生态系统的丰富程度。

Python IDE 与文本编辑器各有优势，选择合适的工具对于提高编程效率、优化开发流程具有重要意义。

第二节　财务数据分析常用库介绍

一、NumPy 库基础与数组操作

NumPy 库作为 Python 数据分析与科学计算的核心库之一，其基础与数组操作的知识是理解并高效利用 Python 进行财务数据分析的基石。NumPy 通过其强大的多维数组对象 ndarray 以及丰富的数学函数库，极大地简化了大规模数据的处理与计算过程。

（一）NumPy 库简介与安装

NumPy 是 Python 的一个开源数值计算扩展库，它提供了高性能的多维数组对象 ndarray，以及用于操作这些数组的工具。NumPy 的数组对象比 Python 内置的列表（list）类型在存储和处理大量数据时更加高效，因为它在内存中是以连续的方式存储的，并且提供了大量的数学函数库，使得对数组的操作既快速又便捷。

安装 NumPy 库通常使用 pip 命令，只需在命令行或终端中输入 pip install NumPy 即可。安装完成后，就可以在 Python 程序中通过 import NumPy as np 的方式引入 NumPy 库，并习惯性地使用 np 作为 NumPy 的别名，以便于代码编写。

（二）NumPy 数组（ndarray）的创建与属性

NumPy 的 ndarray 数组是 NumPy 库的核心数据结构，它提供了比 Python 内置列表更丰富的功能和更高的性能。ndarray 数组的创建可以通过多种方式实现，包括使用 np.array( ) 函数从 Python 列表或元组转换，使用 np.zeros( )、np.ones( ) 等函数创建指定形状和类型的全零或全一数组，以及使用 np.arange( )、np.linspace( ) 等函数生成一定范围内的数值序列。

ndarray 数组具有多个重要的属性，如 shape 表示数组的维度和每个维度的长度，dtype 表示数组中元素的数据类型，size 表示数组中元素的总数，ndim 表示数组的维数（即轴的数量），以及 itemsize 表示数组中每个元素所占的字节数等。这些属性为数组的操作和计算提供了重要的信息。

（三）NumPy 数组的基本操作

NumPy 数组支持丰富的基本操作，这些操作包括数组的索引与切片、数组的形状变换、数组的广播机制以及数组的数学运算等。数组的索引与切片允许用户以灵活的方式访问和修改数组中的元素；数组的形状变换则通过 reshape、flatten 等方法实现，使得用户可以根据需要调整数组的形状；数组的广播机制是

NumPy 在进行数组运算时的一个核心概念，它允许 NumPy 在执行元素级运算时自动扩展较小数组的形状以匹配较大数组的形状；而数组的数学运算则涵盖了加法、减法、乘法、除法等基本运算，以及更复杂的数学函数和矩阵运算等。

（四）NumPy 库在财务数据分析中的应用优势

在财务数据分析中，NumPy 库的应用优势主要体现在以下几个方面：一是处理大规模数据集的能力，NumPy 的 ndarray 数组和数学函数库能够高效地处理和分析大量财务数据；二是简化数据处理流程，NumPy 提供了丰富的数组操作函数，使得数据的清洗、转换、聚合等操作变得更加简单快捷；三是提升计算性能，NumPy 的底层实现采用了高效的 C 语言代码，并且充分利用了现代计算机的缓存和并行计算能力，从而大大提升了计算性能；四是与其他数据分析库的兼容性，NumPy 作为 Python 数据分析生态系统的基石之一，与 Pandas、SciPy 等库紧密集成，为用户提供了更加全面和强大的数据分析工具。

NumPy 库的基础与数组操作是 Python 在财务数据分析与优化中不可或缺的一部分。掌握 NumPy 库的基本概念和操作方法，对于提高数据分析的效率和准确性具有重要意义。

二、Pandas 库简介与数据结构

Pandas 库作为 Python 数据分析领域的核心工具之一，其强大的数据处理能力、灵活的数据结构以及丰富的数据操作函数，使得它成为财务数据分析不可或缺的一部分。

（一）Pandas 库简介

Pandas 是一个开源的 Python 数据分析库，它建立在 NumPy 库的基础上，提供了更为高级的数据结构和数据分析工具。Pandas 的名称来源于 "panel data"（面板数据）和 "Python data analysis" 的组合，但它已经远远超出了面板数据的范畴，成为 Python 数据分析的标准库之一。Pandas 的设计目标之一是提供灵活且表达

式丰富的数据结构，旨在使"关系"或"标签"数据的处理工作变得既简单又直观。

Pandas 库包含了多个核心组件，其中最重要的是 DataFrame 和 Series 两种数据结构。这两种数据结构使得 Pandas 能够处理结构化数据、时间序列数据以及关系型数据库中的表数据。此外，Pandas 还提供了大量的数据操作函数，如数据清洗、转换、聚合、合并等，以及强大的时间序列处理功能，为用户提供了全方位的数据分析支持。

（二）Pandas 核心数据结构

1. Series

Series 是 Pandas 中最基本的数据结构之一，它是一种一维数组，类似于 NumPy 的一维数组（ndarray），但 Series 提供了更为丰富的索引功能。Series 对象包含了一个数据数组和一个与之相关联的索引数组（标签），这使得 Series 既可以是简单的数字序列，也可以是具有特定标签的数据集合。在财务数据分析中，Series 可以用来表示一列财务数据，如公司的股票价格、收益率等。

2. DataFrame

DataFrame 是 Pandas 中最重要的数据结构之一，它是一种二维的、表格型的数据结构，类似于 Excel 中的表格或 SQL 数据库中的表。DataFrame 由行和列组成，每一列可以是不同的数据类型（数值、字符串、布尔值等），而每一行和每一列都有一个标签（索引）。在财务数据分析中，DataFrame 可以用来表示公司的财务报表、市场数据等多维数据集。DataFrame 提供了丰富的数据操作函数，如选择、过滤、排序、分组等，使得数据的分析和处理变得既快速又方便。

（三）Pandas 库在财务数据分析中的应用

1. 数据加载与预处理

在财务数据分析中，首先需要从各种数据源（如 CSV 文件、Excel 文件、数据库等）加载数据。Pandas 提供了多种函数（如 read_csv、read_excel、read_sql 等）

来方便地从不同数据源加载数据,并将其转换为 DataFrame 或 Series 对象。加载数据后,通常需要进行数据预处理,包括缺失值处理、异常值检测与处理、数据类型转换等。Pandas 提供了丰富的函数和方法来支持这些操作,使得数据预处理过程变得既高效又可靠。

2. 数据分析与可视化

Pandas 库中的 DataFrame 和 Series 对象支持丰富的数据分析函数,如聚合函数(如 sum、mean、median 等)、分组函数(如 groupby)、窗口函数(如 rolling、expanding)等,这些函数为财务数据分析提供了强大的支持。例如,可以使用聚合函数计算公司的总收入、平均股价等指标;使用分组函数按年份、行业等维度对财务数据进行分组分析;使用窗口函数计算股价的移动平均线等。此外,Pandas 还支持与 Matplotlib、Seaborn 等可视化库集成,可以将分析结果以图表的形式展示出来,帮助用户更直观地理解数据。

3. 时间序列分析

在财务数据分析中,时间序列分析是一个重要的组成部分。Pandas 提供了强大的时间序列处理功能,包括时间序列的索引、切片、重采样、日期时间偏移等。Pandas 中的 DatetimeIndex 是一个特殊类型的索引,它使得时间序列数据的处理变得既简单又高效。在财务数据分析中,可以使用 DatetimeIndex 来表示时间戳数据(如交易日期),并通过 Pandas 提供的时间序列函数来计算股票的日收益率、周收益率、月收益率等指标;也可以对时间序列数据进行趋势分析、季节性分解等复杂操作。

Pandas 库以其强大的数据处理能力、灵活的数据结构以及丰富的数据操作函数,在财务数据分析与优化中发挥着不可替代的作用。掌握 Pandas 库的基本概念和操作方法,对于提高数据分析的效率和准确性具有重要意义。

三、Pandas 库数据读取与写入

Pandas 库的数据读取与写入功能是进行任何财务数据分析工作的第一步和最后一步，它们直接决定了数据处理的效率和准确性。

（一）数据读取的多样性与灵活性

Pandas 提供了多种方式来读取不同来源和格式的数据，这极大地增强了其在财务数据分析中的灵活性和适用性。无论是存储在本地文件系统中的 CSV、Excel、JSON 等格式的文件，还是存储在远程数据库中的 SQL 表，Pandas 都能通过其内置的读取函数轻松应对。

对于 CSV 文件，Pandas 提供了 read_csv 函数，该函数支持多种参数配置，如指定分隔符、跳过行、设置列名等，使得用户可以根据 CSV 文件的实际情况灵活调整读取参数。对于 Excel 文件，Pandas 的 read_excel 函数同样强大，它支持读取多个工作表、设置索引列等高级功能。此外，Pandas 还提供了 read_json、read_html 等函数，用于读取 JSON 格式的数据和网页中的表格数据。

对于存储在数据库中的数据，Pandas 通过 read_sql 函数与 SQLAlchemy 库结合使用，可以方便地读取 SQL 数据库中的数据。用户只需提供数据库连接和 SQL 查询语句，Pandas 就能将查询结果直接转换为 DataFrame 对象，供后续分析使用。

（二）数据读取的性能优化

在处理大规模财务数据时，数据读取的性能往往成为制约分析效率的瓶颈。Pandas 通过一系列优化措施，提高了数据读取的速度和效率。

首先，Pandas 在读取数据时采用了分块读取（chunksize）的策略。对于特别大的数据文件，用户可以将文件分割成多个小块进行读取，每读取一小块数据就进行处理，然后再读取下一块数据。这种方式不仅减少了内存的使用，还提高了数据处理的灵活性。

其次，Pandas 在读取数据时支持多线程（或多进程）操作。虽然 Pandas 的 read_csv 等函数本身并不直接支持多线程读取，但用户可以通过结合其他库（如 dask）来实现多线程或多进程的数据读取。

再次，对于支持多线程的数据库（如 PostgreSQL），Pandas 在读取 SQL 数据时也可以利用数据库的并行处理功能来提高读取速度。

最后，Pandas 还提供了多种数据压缩格式的支持（如 gzip、bz2 等），这些压缩格式可以显著减小数据文件的大小，从而加快数据的读取速度。同时，Pandas 在读取压缩文件时会自动解压数据，无须用户手动干预。

（三）数据写入的便捷性与安全性

与数据读取相对应，Pandas 同样提供了多种方式来将处理后的数据写入不同的目标中。无论是将结果保存为 CSV、Excel 等格式的文件，还是将结果写回到数据库中，Pandas 都能轻松应对。

对于 CSV 和 Excel 文件，Pandas 提供了 to_csv 和 to_excel 函数，它们允许用户将 DataFrame 对象中的数据以指定的格式保存到文件中。这些函数同样支持多种参数配置，如设置分隔符、指定列名、添加索引等。

对于数据库写入操作，Pandas 的 to_sql 函数允许用户将 DataFrame 对象中的数据写入 SQL 数据库中。在写入过程中，Pandas 会自动处理数据类型转换、索引设置等问题，确保数据能够正确地存储到数据库中。同时，为了保障数据的安全性，Pandas 还提供了事务支持，确保在写入过程中发生错误时能够回滚到之前的状态。

（四）数据读取与写入的最佳实践

在进行财务数据分析时，为了提高数据读取与写入的效率和准确性，需要遵循一些最佳实践。

首先，在读取数据之前，应该对数据文件的格式和内容进行充分的了解。这包括检查文件的编码方式、分隔符、列名等信息，以确保能够正确地读取数据。同时，对于大型数据文件，应该考虑使用分块读取的策略来减少内存的使用。

其次，在写入数据之前，应该对目标存储格式和存储位置进行充分的评估。这包括考虑数据的可访问性、安全性、备份策略等因素。对于敏感数据，应该采取加密等安全措施来保护数据的隐私性。

最后，无论是读取还是写入数据，都应该注意数据的完整性和一致性。在读取数据时，应该检查数据是否存在缺失值、异常值等问题，并进行相应的处理。在写入数据时，应该确保数据的格式和类型与目标存储格式的要求一致，以避免数据丢失或损坏的情况发生。

Pandas 库在数据读取与写入方面提供了多样且灵活的功能，使得用户能够轻松应对不同来源和格式的数据。同时，通过遵循最佳实践和优化措施，用户可以进一步提高数据处理的效率和准确性，为后续的财务数据分析工作打下坚实的基础。

四、Pandas 库数据处理与分析基础

Pandas 库作为数据处理与分析的核心工具，其提供的功能和方法对于财务数据分析工作至关重要。

（一）数据清洗与预处理

数据清洗与预处理是财务数据分析的第一步，也是最为关键的一步。Pandas 提供了丰富的函数和方法来支持数据清洗与预处理工作，包括缺失值处理、异常值检测、数据类型转换、数据排序等。

1. 缺失值处理

在财务数据中，缺失值是一个常见问题。Pandas 提供了 isnull、notnull、dropna、fillna 等函数来检测和处理缺失值。用户可以根据实际需求选择删除包含缺失值的行或列，或者使用合适的值（如均值、中位数、众数等）来填充缺失值。

2. 异常值检测

异常值可能对财务数据分析结果产生显著影响。Pandas 虽然不直接提供异常值检测的函数，但用户可以利用其统计函数（如 describe）或结合其他库（如 scipy、NumPy）来识别和处理异常值。常见的异常值检测方法包括基于统计分布的方法（如 3σ 原则）、基于距离的方法等。

3. 数据类型转换

在财务数据分析中，确保数据类型正确无误至关重要。Pandas 提供了 astype 函数来转换数据类型，使得用户可以根据需要将数据从一种类型转换为另一种类型。例如，将字符串类型的日期转换为日期时间类型，或将浮点型转换为整型等。

4. 数据排序

Pandas 支持对 DataFrame 或 Series 进行排序操作，包括按单列或多列排序。在财务数据分析中，排序操作常用于将数据按照时间顺序排列，以便进行时间序列分析或趋势分析。

（二）数据选择与筛选

数据选择与筛选是财务数据分析中的常见任务之一。Pandas 提供了灵活的数据选择与筛选机制，允许用户根据条件快速定位到感兴趣的数据子集。

1. 基于标签的选择

Pandas 允许用户通过行标签（索引）或列标签来选择数据。用户可以使用 .loc 属性来选择基于标签的数据，这在处理时间序列数据时尤为有用。

2. 基于位置的选择

除了基于标签的选择外，Pandas 还提供了 .iloc 属性来允许用户基于位置（整数索引）来选择数据。这对于不知道具体标签但知道数据位置的情况非常有用。

3. 条件筛选

Pandas 支持使用布尔索引来进行条件筛选。用户可以根据一个或多个条件来筛选出满足条件的行。这种方式非常灵活，可以处理复杂的筛选逻辑。

（三）数据聚合与分组

数据聚合与分组是财务数据分析中的重要环节。Pandas 提供了 groupby 函数来支持数据的分组和聚合操作，使得用户可以轻松地对数据进行分组统计和分析。

1. 分组操作

groupby 函数允许用户根据一个或多个列的值将数据分组。分组后，用户可以对每个组应用聚合函数来计算统计指标，如总和、平均值、最大值、最小值等。

2. 聚合函数

Pandas 提供了多种内置的聚合函数，如 sum、mean、max、min 等。此外，用户还可以自定义聚合函数来满足特定需求。聚合函数的应用使得用户能够快速地获得数据的总体特征或趋势。

3. 多级分组

Pandas 还支持多级分组操作，即根据多个列的值将数据分组。这种多级分组的方式在处理具有复杂结构的财务数据时非常有用，可以帮助用户从多个维度对数据进行深入分析。

（四）数据转换与映射

数据转换与映射是财务数据分析中的一个重要环节。Pandas 提供了丰富的函数和方法来支持数据的转换和映射操作，使得用户能够轻松地对数据进行加工和处理。

1. 数据转换

Pandas 允许用户对 DataFrame 或 Series 中的数据进行转换操作，如应用数学函数、字符串操作等。这些转换操作可以应用于整个数据集或满足特定条件的子集。

2. 映射操作

映射操作是 Pandas 中一个非常强大的功能，它允许用户根据一个映射关系（如字典）来替换 DataFrame 或 Series 中的值。这种映射关系可以是简单的键值对关系，也可以是更复杂的函数关系。通过映射操作，用户可以轻松地对数据进行编码、分类或标准化处理。

3. 应用函数

Pandas 还提供了 apply 函数和 applymap 函数来允许用户对整个 DataFrame、DataFrame 的列或行以及 Series 应用自定义的函数。这种灵活性使得用户能够根据自己的需求来定制数据处理流程和分析逻辑。

Pandas 库在数据处理与分析方面提供了丰富而强大的功能和方法，这些功能和方法对于财务数据分析工作至关重要。通过掌握 Pandas 的数据清洗与预处理、数据选择与筛选、数据聚合与分组以及数据转换与映射等基础知识，用户可以更加高效地进行财务数据分析工作，为企业的决策提供有力的支持。

第三节　数据可视化库在财务中的应用

一、Matplotlib 基础绘图功能

（一）Matplotlib 基础绘图功能概述

Matplotlib 是 Python 中一个极为强大的数据可视化库，它提供了丰富的绘图工具和函数，能够生成高质量的、美观的数据可视化图形。作为 Python 数据分析领域最常用的绘图库之一，Matplotlib 广泛应用于数据分析、科学研究、工程可视化等领域，特别是在财务数据分析与优化中，Matplotlib 发挥着不可替代的作用。通过 Matplotlib，财务分析师可以直观地展示财务数据的变化趋势、分布情况以及不同数据之间的相关性，为决策提供有力的支持。

1. 图表类型丰富

Matplotlib 支持多种常见的图表类型，包括折线图、散点图、柱状图、饼图、直方图等，这些图表类型在财务数据分析中各有其独特的应用场景。例如，折线

图常用于展示时间序列数据的波动趋势，如公司收入、利润等随时间的变化；柱状图则适用于比较不同类别或不同时间点的数据大小，如不同部门的费用支出、不同年份的销售额等；饼图则用于展示各部分在整体中的占比情况，如公司各项费用的分配比例。

2. 高度定制性

Matplotlib 提供了丰富的定制选项，允许用户根据需要对图表进行个性化设计。用户可以通过设置颜色、线型、标记、标题、图例、网格等图形元素，使图表更加符合自己的审美和数据分析需求。此外，Matplotlib 还支持多种字体和字号的设置，确保图表中的文字信息清晰可读。

3. 与其他库的无缝集成

Matplotlib 能够与其他 Python 数据分析库（如 NumPy、Pandas）无缝集成，使得数据处理和可视化过程更加高效。例如，Pandas 库提供了丰富的数据处理功能，而 Matplotlib 则专注于数据可视化，两者结合使用可以大大简化财务数据分析的流程。

（二）Matplotlib 在财务数据分析中的应用

1. 趋势分析

在财务数据分析中，趋势分析是至关重要的一环。通过绘制折线图等图表，可以直观地展示公司财务状况随时间的变化趋势。例如，可以绘制公司收入、利润、成本等关键财务指标的折线图，观察其变化趋势，从而判断公司的经营状况是否稳定、是否存在潜在的风险等。

2. 结构分析

结构分析主要用于了解公司各项费用、收入等的构成情况。通过绘制饼图或柱状图等图表，可以清晰地展示各部分在整体中的占比情况。例如，可以绘制公司各项费用的饼图，了解各项费用在总费用中的占比情况，从而找出费用控制的重点；也可以绘制不同产品线或不同地区的收入柱状图，了解各产品线或各地区的收入贡献情况。

3. 比较分析

比较分析是财务数据分析中常用的一种方法。通过绘制对比图表（如柱状图、折线图等），可以直观地比较不同时间点、不同部门、不同产品线或不同地区的财务数据。例如，可以绘制不同年份的销售额折线图，比较公司销售额的变化情况；也可以绘制不同部门的费用柱状图，比较各部门的费用支出情况。

4. 分布分析

分布分析主要用于了解财务数据的分布情况。通过绘制直方图等图表，可以直观地展示财务数据的分布情况。例如，可以绘制公司员工薪资的直方图，了解薪资的分布情况；也可以绘制公司应收账款的账龄分析直方图，了解应收账款的回收情况。

5. 相关性分析

相关性分析用于研究两个或多个变量之间的相关性。在财务数据分析中，可以通过绘制散点图等图表来展示两个或多个变量之间的相关性。例如，可以绘制公司销售额与广告投入之间的散点图，观察两者之间的相关性情况；也可以绘制不同产品线销售额与市场份额之间的散点图，了解各产品线市场份额与销售额之间的关系。

（三）Matplotlib 在财务数据分析优化中的作用

1. 提高决策效率

通过 Matplotlib 绘制的数据可视化图表，财务分析师可以直观地了解公司的财务状况和经营成果，从而快速做出决策。相比传统的数据分析方法，数据可视化能够更直观地展示数据之间的关系和趋势，减少决策过程中的主观性和不确定性。

2. 发现潜在问题

数据可视化图表能够直观地展示数据的异常值和波动情况，帮助财务分析师及时发现潜在的问题。例如，在折线图中发现某个时间点的数据突然下降或上升，可能意味着公司存在某种风险或机遇；在直方图中发现某个区间的数据分布异常，可能意味着公司存在某种管理问题。

3. 优化资源配置

通过比较分析和结构分析等方法，财务分析师可以了解公司各项费用、收入等的构成情况和变化趋势，从而优化资源配置。例如，可以根据不同部门的费用支出情况调整预算分配；可以根据不同产品线的收入贡献情况调整产品策略等。

4. 提升报告质量

在财务报告中，数据可视化图表能够直观地展示公司的财务状况和经营成果，提升报告的可读性和说服力。相比传统的文字描述和表格展示方式，数据可视化图表更加直观、生动、易于理解。

二、Seaborn 库简介与高级绘图

（一）Seaborn 库简介及其在财务数据分析中的优势

Seaborn 是基于 Matplotlib 的高级绘图库，专为统计图形设计，旨在提供一个更高级别的接口，用于绘制更优雅、美观的统计图形。与 Matplotlib 相比，Seaborn 通过预设的美学样式和更简洁的 API，使得绘图过程更加快捷且美观。在财务数据分析与优化中，Seaborn 的优势尤为明显，它不仅能够帮助分析师快速生成高质量的图表，还能通过其丰富的统计功能，深入挖掘数据背后的信息。

1. 预设的美学样式

Seaborn 提供了一系列预设的美学样式（称为"seaborn styles"），这些样式旨在提升图表的整体美观度，使图表更加符合现代数据可视化的审美标准。在财务数据分析中，这些样式可以帮助分析师快速生成专业级的图表，无须在图表的美化上花费过多时间。

2. 丰富的统计绘图功能

Seaborn 不仅支持 Matplotlib 的所有基本绘图功能，还提供了许多针对统计

数据的专门绘图函数，如箱线图（boxplot）、小提琴图（violinplot）、热力图（heatmap）等。这些函数能够直观地展示数据的分布、异常值、相关性等统计特征，对于财务数据分析中的异常检测、趋势预测等任务具有重要意义。

3. 简洁的 API 设计

Seaborn 的 API 设计简洁明了，减少了重复代码和参数设置的需要。这使得分析师能够更专注于数据分析本身，而不是被烦琐的绘图代码所困扰。在财务数据分析中，时间往往非常宝贵，Seaborn 的简洁性可以帮助分析师更快地完成任务。

4. 与 Pandas 的紧密集成

Seaborn 与 Pandas 库紧密集成，可以直接从 Pandas 的 DataFrame 或 Series 对象中读取数据，并生成相应的图表。这种集成方式简化了数据处理的流程，使得分析师能够更加高效地进行财务数据分析。

（二）Seaborn 的高级绘图功能在财务数据分析中的应用

1. 箱线图在异常检测中的应用

箱线图是一种用于展示数据分布情况的统计图形，它能够直观地显示数据的四分位数、中位数、异常值等信息。在财务数据分析中，箱线图可以用于检测财务数据中的异常值，如异常高的费用支出、异常低的收入等。这些异常值可能意味着公司存在某种风险或问题，需要进一步调查和分析。

2. 小提琴图在比较分布中的应用

小提琴图是一种结合了箱线图和密度图的统计图形，它能够更加直观地展示数据的分布情况。在财务数据分析中，小提琴图可以用于比较不同组别（如不同部门、不同产品线）的财务数据分布情况。通过比较不同组别的数据分布，分析师可以了解各组别之间的差异和相似之处，为决策提供支持。

3. 热力图在相关性分析中的应用

热力图是一种通过颜色深浅来表示数据大小的图形，它能够直观地展示数据之间的相关性。在财务数据分析中，热力图可以用于展示不同财务指标之间的相关性情况。例如，可以绘制一个热力图来展示公司销售额、利润、成本等财务指标之间的相关性。通过分析这些相关性，分析师可以了解不同财务指标之间的相互影响关系，为优化财务策略提供依据。

4. 配对图在多元数据分析中的应用

配对图（pairplot）是Seaborn提供的一种用于展示多个变量之间关系的图形。它能够同时绘制多个变量的散点图、直方图等统计图形，并将它们组合在一起形成一个整体的视图。在财务数据分析中，配对图可以用于展示多个财务指标之间的关系和分布情况。通过配对图，分析师可以全面了解不同财务指标之间的相互作用和相互影响情况。

（三）Seaborn在财务数据分析优化中的作用

1. 提升数据可视化质量

Seaborn通过其预设的美学样式和丰富的统计绘图功能，能够显著提升财务数据分析中的数据可视化质量。高质量的图表不仅更加美观、易于理解，还能够更好地传达数据背后的信息，为决策提供更加有力的支持。

2. 加速数据分析流程

Seaborn的简洁API设计和与Pandas的紧密集成，使得数据分析流程更加高效。分析师可以更快地处理数据、生成图表，并将更多的时间和精力投入数据分析本身和决策制定上。

3. 深入挖掘数据价值

Seaborn提供的丰富统计绘图功能，使得分析师能够更深入地挖掘财务数据中的价值。通过绘制不同类型的统计图形，分析师可以全面了解数据的分布情况、相关性、异常值等信息，为优化财务策略提供更加全面的依据。

4. 促进团队协作与沟通

高质量的图表不仅能够提升个人工作效率，还能够促进团队协作与沟通。在团队中分享Seaborn生成的图表时，团队成员可以更快地理解数据背后的信息，共同讨论问题并制定解决方案。这种协作方式有助于提升团队的整体工作效率和决策质量。

（四）结论

Seaborn 作为 Python 中一个强大的统计绘图库，在财务数据分析与优化中发挥着重要作用。

三、图表定制与美化技巧

（一）图表定制：提升数据分析的深度与精准度

在财务数据分析中，图表的定制不仅是为了美观，更是为了精准地传达数据背后的故事，帮助决策者快速抓住关键信息。图表定制涉及多个方面，从图表类型的选择到细节元素的调整，每一步都需精心考量。

1. 图表类型选择与适配

不同的数据特征和分析需求适合不同的图表类型。在财务数据分析中，常见的图表类型包括折线图、柱状图、饼图、散点图、箱线图等。选择合适的图表类型能够更直观地展示数据的趋势、对比、分布等特征。例如，折线图适用于展示时间序列数据的变化趋势，柱状图适用于对比不同类别的数据大小，饼图则适用于展示各部分在整体中的占比情况。

2. 数据范围与刻度调整

在绘制图表时，合理设置数据范围和刻度是确保图表准确传达信息的关键。过宽或过窄的数据范围可能导致图表信息被稀释或遗漏。同时，根据数据的分布特征调整刻度，可以使图表更加清晰易读。例如，在展示销售额数据时，如果数据范围跨度较大，可以考虑使用对数刻度来更好地展示数据的变化趋势。

3. 细节元素的设计与调整

图表的细节元素如标题、图例、坐标轴标签、网格线等对于提升图表的可读性和美观度至关重要。在定制图表时，应根据数据的特性和分析需求精心设计这些细节元素。例如，标题应简洁明了地概括图表的主题，图例应清晰标注不同数据系列的含义，坐标轴标签应准确反映数据的单位和范围，网格线则可根据需要选择是否显示以及显示的样式。

4. 动态交互与联动

对于复杂的财务数据分析项目，单一的静态图表可能无法满足所有分析需求。引入动态交互和联动功能，可以使图表更加灵活多变，满足多样化的分析需求。例如，可以使用 Python 的 Bokeh 或 Plotly 等库来创建交互式图表，允许用户通过点击、拖动等方式与图表进行交互；同时，通过设置联动效果，可以使多个图表之间能够相互响应，共同展示数据的不同侧面。

（二）图表美化：增强视觉吸引力与信息传达

图表的美化不仅是为了提升视觉效果，更重要的是为了增强信息的传达效率。合理的色彩搭配、字体选择、布局安排等手段，可以使图表更加美观、易读且富有吸引力。

1. 色彩搭配与运用

色彩是图表设计中不可或缺的元素之一。合理的色彩搭配能够增强图表的视觉效果和信息传达效率。在财务数据分析中，应根据数据的特性和分析需求选择合适的色彩方案。例如，可以使用冷暖色调对比来强调数据的差异性和对比性；使用渐变色或色块来区分不同的数据系列或类别；同时，要注意避免使用过多或过于刺眼的色彩，以免干扰用户的注意力。

2. 字体选择与排版

字体的选择和排版对于图表的易读性和美观度也有重要影响。在财务数据分析中，应选择清晰易读的字体，并确保字号大小适中，以便用户能够轻松阅读图表中的文字信息。同时，要注意字体的排版布局，避免文字之间的重叠或混乱。可以通过设置标题、副标题、注释等不同层级的文字信息来引导用户的阅读顺序和注意力。

3. 布局安排与空间利用

图表的布局安排和空间利用也是美化过程中的重要环节。合理的布局能够使图表更加整洁有序，避免信息混乱和冗余。在安排图表布局时，要充分考虑数据的特性和分析需求，合理安排图表元素的位置和大小。同时，要注意留足适当的空间以容纳文字信息、图例等元素，并确保整体布局的平衡和美观。

4. 图形元素与背景设计

图形元素和背景设计也是图表美化中不可忽视的方面。通过添加图形元素如箭头、圆圈、线条等，可以增强图表的视觉效果和表达力；同时，通过设计合适的背景图案或颜色，可以营造出良好的视觉氛围和阅读体验。然而，在设计图形元素和背景时，要避免过于复杂或花哨的设计元素以免干扰用户对图表信息的理解和关注。

（三）图表优化：提升数据分析的实用性与效率

图表的优化旨在提升数据分析的实用性和效率。通过优化图表的结构、功能和交互方式等方面，可以使其更加符合用户的实际需求和使用习惯。

1. 图表结构优化

图表结构优化是提升数据分析实用性的关键步骤之一。通过优化图表的结构可以使信息更加清晰有序地呈现给用户。例如可以通过调整图表的层次结构来区分不同层级的信息，通过合并或拆分图表元素来减少冗余或重复的信息，同时还可以通过设置筛选条件或分组选项来允许用户根据自己的需求定制图表内容。

2. 图表功能增强

增强图表的功能也是提升数据分析效率的重要手段之一。通过为图表添加更多的功能选项可以满足用户多样化的分析需求。

第四节　Python 与 Excel 数据交互

一、xlrd 库读取 Excel 文件

在财务数据分析与优化的广阔领域中，Excel 文件作为数据存储和交换的重要工具，其读取与处理能力对于任何一位财务分析师而言都至关重要。Python 凭借其强大的扩展性和丰富的库支持，成为处理这类任务的首选语言之一。而 xlrd 库作为 Python 中专门用于读取 Excel 文件的工具，更是这一领域不可或缺的一部分。

（一）xlrd 库的基础功能与优势

xlrd 库是 Python 中用于读取 Excel 文件（主要是 .xls 和 .xlsx 格式）的一个强大库。它允许用户轻松地访问 Excel 文件中的工作表（Sheet）、单元格（Cell）及其内容，而无需依赖于 Microsoft Excel 或其他外部软件。这一特性使得 xlrd 在财务数据分析中尤为重要，因为财务数据往往以 Excel 文件的形式存储，且需要频繁地进行读取和处理。

相比其他读取 Excel 文件的方法，xlrd 库的优势在于其简单易用、功能强大且兼容性好。它提供了丰富的 API 接口，支持读取单元格的值、类型、格式等多种信息，同时能够处理包含大量数据和复杂结构的 Excel 文件。此外，xlrd 库还具有良好的跨平台性，能够在不同的操作系统上稳定运行，为财务分析师提供了极大的便利。

（二）xlrd 库在财务数据预处理中的应用

在财务数据分析与优化过程中，数据预处理是一个至关重要的环节。它涉及数据的清洗、转换、整合等多个方面，旨在为后续的分析工作提供高质量的数据

源。xlrd 库在这一过程中发挥着重要作用。

首先，xlrd 库能够读取 Excel 文件中的财务数据，并将其转换为 Python 中的数据结构（如列表、字典等），便于后续处理。

其次，xlrd 库支持对读取的数据进行基本的检查和验证，如检查数据类型是否符合预期、识别并处理缺失值等。这些功能有助于确保财务数据的准确性和完整性，为后续的分析工作奠定坚实基础。

最后，xlrd 库还提供了数据筛选和排序等高级功能，允许用户根据特定的条件筛选出需要分析的数据集，或者对数据进行排序以发现其中的规律和趋势。这些功能对于提高财务数据分析的效率和准确性具有重要意义。

（三）xlrd 库在财务数据整合与汇总中的应用

在财务数据分析中，经常需要将来自不同 Excel 文件或不同工作表的数据进行整合与汇总，以便进行更全面的分析和比较。xlrd 库在这方面同样表现出色。

通过使用 xlrd 库，用户可以轻松地读取多个 Excel 文件或工作表中的数据，并将它们整合到一个统一的数据结构中。在此基础上，用户可以利用 Python 的其他数据处理库（如 Pandas）进行更复杂的数据操作和分析。例如，可以使用 Pandas 的合并（merge）和连接（join）功能将不同数据源的数据按指定条件进行整合；也可以使用 Pandas 的分组（groupby）和聚合（aggregate）功能对数据进行汇总和统计分析。

这些操作不仅有助于揭示财务数据之间的内在联系和规律，还为后续的财务决策和优化提供了有力的数据支持。

（四）xlrd 库的局限性与未来展望

尽管 xlrd 库在财务数据分析中发挥着重要作用，但其也存在一定的局限性。随着 Excel 文件格式的不断更新和变化，xlrd 库在读取最新版本的 .xlsx 文件时可能会遇到兼容性问题。此外，xlrd 库主要关注于读取 Excel 文件的功能，而在写入或修改 Excel 文件方面则相对较弱。

为了应对这些挑战并满足财务数据分析与优化的更高需求，Python 社区不断推出新的库和工具来弥补 xlrd 的不足。例如，openpyxl 和 xlsxwriter 等库提供了更加强大和灵活的 Excel 文件读写功能；而 Pandas 等数据处理库则通过集成这些库的功能进一步扩展了其在财务数据分析中的应用范围。

未来，随着技术的不断进步和应用的不断深化，我们可以期待看到更多针对财务数据分析需求的定制化库和工具的出现。这些工具将结合 Python 的强大功能和财务数据分析的特定需求，为财务分析师提供更加高效、智能的解决方案。同时，随着大数据和人工智能技术的不断发展，财务数据分析与优化也将迎来更加广阔的发展前景。

二、xlwt 库写入 Excel 文件

在财务数据分析与优化的流程中，将处理后的数据以结构化的形式输出，是完成整个分析过程的关键步骤之一。Excel 文件作为广泛使用的数据交换格式，其写入能力对于 Python 在财务数据分析中的应用尤为重要。xlwt 库作为 Python 中专门用于写入 Excel 文件的工具，为财务分析师提供了强大的数据输入能力。

（一）xlwt 库的基础功能与特点

xlwt 库是 Python 中用于生成和写入 .xls 格式 Excel 文件的库。它允许用户创建新的 Excel 文件，并在其中添加工作表、单元格以及设置单元格的格式等。xlwt 库以其简洁的 API 和强大的功能，在财务数据分析领域得到了广泛应用。

xlwt 库的主要特点：支持多种数据类型（如字符串、数字、日期等）的写入；允许用户自定义单元格的格式（如字体、颜色、边框等）；支持在工作表中添加公式和图表（尽管图表功能相对有限）；以及能够生成符合 Excel 规范的 .xls 文件，确保数据的兼容性和可读性。

（二）xlwt 库在财务数据分析结果输出中的应用

在财务数据分析完成后，将分析结果以 Excel 文件的形式输出，是向非技术用户展示分析结果、进行跨部门协作或进行数据存档的常用方式。xlwt 库在这一过程中发挥着重要作用。

通过 xlwt 库，财务分析师可以轻松地将分析结果（如财务报表、比率分析、趋势预测等）写入 Excel 文件。他们可以根据需要创建多个工作表，分别存储不同类型的数据或分析结果。同时，xlwt 库还支持对单元格进行格式化处理，如设置字体大小、颜色、加粗等，以突出显示关键数据或分析结果，提高报告的可读性和吸引力。

此外，xlwt 库还支持在工作表中添加公式，这意味着财务分析师可以在 Excel 文件中直接进行简单的计算或数据验证，进一步确保分析结果的准确性和可靠性。

（三）xlwt 库在财务数据自动化报告生成中的应用

随着财务数据分析的复杂性和频率不断增加，自动化报告生成成为一个重要的需求。xlwt 库凭借其强大的写入能力和灵活性，为财务数据自动化报告生成提供了有力支持。

通过结合 Python 的脚本能力和 xlwt 库的写入功能，财务分析师可以编写自动化脚本，定期从数据库中提取财务数据、进行分析处理，并将分析结果自动写入 Excel 文件生成报告。这种自动化流程不仅提高了工作效率，还减少了人为出错的可能性，确保了报告的一致性和准确性。

此外，xlwt 库还支持将多个数据源的数据整合到一个 Excel 文件中，为生成综合性的财务数据报告提供了便利。财务分析师可以根据需要设置不同的工作表来存储不同来源或类型的数据，并通过链接或公式等方式实现数据之间的关联和计算。

（四）xlwt 库在财务数据可视化中的应用

虽然 xlwt 库本身在直接生成复杂图表方面功能有限，但它可以通过与 Excel 的图表功能结合使用，为财务数据可视化提供支持。

在将分析结果写入 Excel 文件后，财务分析师可以利用 Excel 内置的图表工具来创建各种图表（如柱状图、折线图、饼图等），以直观地展示财务数据的变化趋势、对比关系等。这些图表不仅有助于非技术用户更好地理解分析结果，还可以作为报告的重要组成部分，提升报告的说服力和吸引力。

当然，对于需要更复杂图表或数据可视化的场景，财务分析师可以考虑使用其他 Python 库（如 Matplotlib、Seaborn 等）来生成图表，并将其作为图片插入 Excel 文件中。但即便如此，xlwt 库在数据写入和格式设置方面的作用仍然是不可或缺的。

（五）xlwt 库的局限性与未来展望

尽管 xlwt 库在写入 Excel 文件方面表现出色，但其也存在一定的局限性。最显著的是，xlwt 库仅支持 .xls 格式的 Excel 文件写入，而不支持较新的 .xlsx 格式。这在一定程度上限制了其在处理大规模数据或需要高版本 Excel 文件支持的场景中的应用。

为了应对这一挑战，Python 社区推出了 openpyxl 等库来支持 .xlsx 格式的 Excel 文件读写。这些库不仅提供了与 xlwt 类似的功能，还增加了对更复杂数据结构和图表的支持。因此，在选择 Excel 文件写入库时，财务分析师需要根据具体需求和场景来选择合适的工具。

未来，随着技术的不断进步和应用的不断深化，我们可以期待看到更多针对财务数据分析需求的定制化库和工具的出现。这些工具将结合 Python 的强大功能和财务数据分析的特定需求，为财务分析师提供更加高效、智能的解决方案。同时，随着大数据和人工智能技术的不断发展，财务数据分析与优化也将迎来更加广阔的发展前景。

三、openpyxl 库的高级应用（样式、图表）

在财务数据分析与优化领域，数据的可视化与呈现方式对于信息的传递与理解至关重要。openpyxl 库作为 Python 中处理 Excel 文件的强大工具，不仅支持基本的读写操作，而且在样式设置与图表创建方面展现出了卓越的能力。

（一）样式设置的精细化控制

openpyxl 库提供了丰富的样式设置选项，使得财务数据分析师能够在 Excel 文件中实现高度的视觉定制。从字体样式、颜色、大小到单元格的背景色、边框、对齐方式等，openpyxl 都能进行精细化的控制。

在财务报告中，通过运用不同的样式设置，可以清晰地区分标题、摘要、数据表等不同部分，提高报告的可读性和专业性。例如，可以使用加粗字体和醒目的颜色来突出关键数据或结论，使用不同的填充色来区分不同的数据类别或时间段。此外，通过调整单元格的对齐方式和边框设置，还可以进一步美化报表的布局，使其更加整洁、美观。

（二）图表的动态生成与定制

openpyxl 库支持在 Excel 文件中直接生成各种类型的图表，如柱状图、折线图、饼图等，这为财务数据分析的可视化提供了极大的便利。通过编程方式生成图表，不仅可以实现数据的自动更新与同步，还可以根据分析需求对图表进行个性化的定制。

在财务数据分析中，图表是展示数据变化趋势、对比关系等信息的有效手段。利用 openpyxl 的图表功能，财务分析师可以轻松地将数据转化为直观的图表形式，帮助非技术用户更好地理解分析结果。同时，通过调整图表的标题、图例、坐标轴、数据系列等属性，还可以进一步丰富图表的信息量，提高图表的表达效果。

（三）复杂数据结构的处理与呈现

openpyxl 库能够处理包括多级标题、合并单元格、数据验证等复杂数据结构的 Excel 文件。这些功能在财务数据分析中尤为重要，因为它们有助于更好地组织和展示数据，提高数据的可读性和可分析性。

例如，在财务报表中，经常需要使用合并单元格来制作跨行或跨列的标题区域；使用多级标题来区分不同的数据部分或层级关系；使用数据验证来限制用户输入的数据类型或范围等。openpyxl 库通过提供这些高级功能，使得财务分析师能够更加灵活地处理和分析财务数据。

（四）与其他 Python 库的协同工作

openpyxl 库并非孤立存在，它可以与 Python 生态系统中的其他库协同工作，共同完成复杂的财务数据分析任务。例如，可以与 Pandas 库结合使用，先将数据加载到 Pandas DataFrame 中进行处理和分析，然后再将结果写入 Excel 文件并应用样式与图表；也可以与 NumPy 库一起进行大规模数据的数值计算等。

这种协同工作的方式不仅提高了数据分析的效率和准确性，还使得整个分析流程更加自动化和智能化。财务分析师可以通过编写 Python 脚本来自动化地完成数据收集、处理、分析和报告生成的全过程，从而大大减轻工作负担并提高工作质量。

（五）openpyxl 库的局限性与未来展望

尽管 openpyxl 库在样式设置与图表创建方面表现出了卓越的能力，但其也存在一定的局限性。例如，在处理超大规模数据时可能会遇到性能瓶颈；某些高级图表类型或复杂功能可能尚未得到完全支持等。

为了应对这些挑战并满足不断变化的财务数据分析需求，openpyxl 库的开发者们正在不断努力进行更新和完善。同时，随着 Python 生态系统的不断发展壮大，越来越多的第三方库和工具也涌现出来，为财务数据分析提供了更多的选择和可能性。

未来，我们可以期待看到 openpyxl 库在性能优化、功能扩展等方面取得更大的进展；同时，也期待看到更多针对财务数据分析需求的定制化解决方案的出现。这些努力将共同推动 Python 在财务数据分析与优化领域的应用迈向更高的水平。

四、Python 与 Excel 数据交互的最佳实践

在财务数据分析与优化的领域，Python 与 Excel 之间的数据交互是不可或缺的一环。这种交互不仅涉及数据的导入与导出，更关乎到数据处理的效率、准确性以及最终报告的质量。

（一）选择合适的库与工具

在进行 Python 与 Excel 数据交互时，选择合适的库与工具是首要任务。Pandas 库以其强大的数据处理能力和与 Excel 文件的无缝对接而广受欢迎，它支持读取和写入 .xls、.xlsx 等多种格式的 Excel 文件，并提供了丰富的数据处理函数和方法。同时，openpyxl 库作为专注于 .xlsx 格式文件的库，也在样式设置、图表创建等方面展现出了卓越的能力。

除了 Pandas 和 openpyxl 之外，还有其他一些库和工具也值得考虑，如 xlrd（尽管它已停止维护，但在读取老版本 Excel 文件时仍有一定价值）、xlsxwriter（专注于写入 Excel 文件，支持更复杂的图表和样式）等。财务数据分析师应根据具体需求选择合适的库与工具，以最大化数据处理效率和效果。

（二）优化数据处理流程

在确定了使用的库与工具后，优化数据处理流程是提高工作效率和准确性的关键。这包括以下几个方面。

1. 数据清洗

在将数据导入 Python 之前，先进行必要的数据清洗工作，如去除重复项、处理缺失值、转换数据类型等，以确保数据的质量。

2. 分批处理

对于大规模数据，可以考虑采用分批处理的方式，即将数据分割成多个较小的批次进行处理，以减少内存消耗和提高处理速度。

3. 利用并行计算

如果可能的话，可以利用 Python 的并行计算功能来加速数据处理过程。例如，可以使用 multiprocessing 模块或 dask 库来实现数据处理的并行化。

4. 减少数据转换次数

在数据处理过程中，尽量减少数据在不同格式或结构之间的转换次数，以降低出错概率并提高处理效率。

5. 编写可复用的代码

将常用的数据处理操作封装成函数或模块，以便在多个项目或任务中复用，提高代码的可维护性和可扩展性。

（三）确保数据的安全性与完整性

在进行 Python 与 Excel 数据交互时，确保数据的安全性与完整性是至关重要的。这要求财务数据分析师在数据处理和传输过程中采取一系列措施来保护数据不受未经授权的访问、泄露或篡改。

1. 加密存储

对于敏感数据，应使用加密技术来存储和传输，以防止数据在存储或传输过程中被窃取。

2. 访问控制

对数据的访问进行严格控制，确保只有授权用户才能访问相关数据。访问控制可以通过设置密码、权限等级等方式来实现。

3. 数据备份

定期备份重要数据以防止数据丢失或损坏。备份数据应存储在安全的位置，并定期进行检查和恢复测试以确保其可用性。

4. 完整性校验

在数据处理和传输过程中加入完整性校验机制，如使用哈希函数计算数据的摘要值并进行比对，以确保数据的完整性和一致性。

5. 遵循最佳实践

遵循业界公认的数据安全最佳实践，如使用安全的编程语言和库、及时更新和修补安全漏洞等，以降低数据被攻击的风险。

Python 与 Excel 数据交互的最佳实践涵盖了选择合适的库与工具、优化数据处理流程以及确保数据的安全性与完整性三个方面。财务数据分析师应深入理解并遵循这些最佳实践，以提高数据分析的效率和准确性，为企业的财务决策提供更加有力的支持。

第二章 财务数据清洗与预处理

第一节 缺失值处理与异常值检测

一、缺失值识别与统计

在财务数据分析与优化过程中,缺失值的存在是一个不可忽视的问题。它们可能源于数据收集过程中的遗漏、错误或系统限制,也可能因为某些数据项对于特定分析而言并非必需而被故意留白。然而,无论缺失值的来源如何,它们都可能对数据分析结果的准确性和可靠性产生负面影响。因此,缺失值的识别与统计成为财务数据分析的第一步,也是至关重要的一步。

(一)缺失值识别的重要性

缺失值的存在会破坏数据的完整性,影响数据分析的准确性和有效性。在财务数据分析中,缺失值可能导致财务分析模型出现偏差,进而影响企业的决策制定。例如,在构建预测模型时,如果关键财务指标存在大量缺失值而未得到妥善处理,那么模型的预测能力将大打折扣。因此,识别缺失值是财务数据分析的首要任务。Python 提供了多种方法和工具来识别数据集中的缺失值,如使用 Pandas 库中的 isnull( ) 或 isna( ) 函数,可以轻松地标记出数据集中的缺失值。

(二)缺失值统计的详尽性

在识别出缺失值之后,接下来需要对它们进行详尽的统计和分析。这包括计算每个变量(或列)中缺失值的数量、比例以及缺失值的分布模式等。通过这些统计信息，我们可以更全面地了解数据集中缺失值的状况，为后续的数据处理决策提供依据。Python 的 Pandas 库提供了丰富的统计函数和方法来支持这一过程。例如，使用 sum( ) 函数结合 isnull( ) 或 isna( ) 函数可以计算出每个变量中缺失值的总数；使用 mean( ) 函数可以计算出缺失值的比例；而使用 groupby( ) 函数则可以进一步分析缺失值在不同分组或类别中的分布情况。

（三）缺失值处理的策略与方法

识别并统计出缺失值之后，接下来需要制定合适的处理策略和方法。缺失值的处理方法多种多样，包括删除法、填充法、插值法等。在选择处理方法时，需要根据数据的具体情况和分析目的来综合考虑。例如，如果某个变量的缺失值比例很高且该变量对于分析目的而言并非关键，那么可以考虑直接删除该变量；如果缺失值比例较低且可以通过其他变量进行预测或推断，那么可以考虑使用填充法或插值法来填补缺失值。Python 的 Pandas 库提供了多种缺失值处理的方法，如使用 dropna( ) 函数删除含有缺失值的行或列；使用 fillna( ) 函数根据指定的值或方法填充缺失值；以及使用更高级的插值方法如线性插值、多项式插值等来处理时间序列数据中的缺失值。

缺失值的识别与统计是财务数据分析与优化中的一项基础而重要的工作。Python 凭借其强大的数据处理能力和丰富的库支持，在这一领域展现出了卓越的性能和优势。通过合理使用 Python 的 Pandas 等库，我们可以高效地识别出数据集中的缺失值，并进行详尽的统计和分析；同时，我们还可以根据数据的具体情况和分析目的来选择合适的缺失值处理策略和方法，以确保数据分析结果的准确性和可靠性。

二、缺失值填充策略与实现

在财务数据分析的实践中，缺失值的存在是常见且需要妥善处理的问题。缺失值不仅会影响数据分析的完整性，还可能对分析结果产生误导。因此，制定并执行有效的缺失值填充策略是确保财务数据分析质量的关键步骤。Python 凭借其强大的数据处理能力和丰富的库支持，为缺失值填充提供了多种策略和实现方式。

（一）理解缺失值填充的必要性

缺失值填充的必要性在于其能够恢复数据的完整性，减少因数据缺失而导致的分析偏差。在财务数据分析中，每一个数据点都可能蕴含着重要的财务信息，缺失值的存在会削弱数据的代表性，影响分析结果的准确性。因此，通过合理的填充策略来弥补缺失值，是提升数据分析质量、增强分析结果可靠性的重要手段。Python 的 Pandas 库提供了丰富的函数和方法，支持用户根据数据的实际情况选择合适的填充策略，实现缺失值的精准填充。

（二）常见的缺失值填充策略

在 Python 中，常见的缺失值填充策略包括均值填充、中位数填充、众数填充、固定值填充、插值填充以及基于模型的预测填充等。均值填充适用于数值型数据且数据分布较为均匀的情况；中位数填充则对异常值具有较好的鲁棒性；众数填充适用于分类数据或具有明显集中趋势的数值型数据；固定值填充通常用于填充那些对分析结果影响不大的非关键变量；插值填充则适用于时间序列数据或具有明显趋势的数据；而基于模型的预测填充则利用机器学习或统计模型来预测缺失值，具有较高的灵活性和准确性。

（三）Python 实现缺失值填充的具体方法

在 Python 中，实现缺失值填充的具体方法主要依赖于 Pandas 库。对于简单的填充策略，如均值、中位数、众数填充，可以直接使用 fillna( ) 函数并指定相应的参数来实现。例如，df.fillna(df.mean( )) 会将数据框 df 中的缺失值用各列的均值填充。对于插值填充，Pandas 提供了 interpolate( ) 函数，支持多种插值方法，如线性插值、多项式插值等。而对于基于模型的预测填充，则需要结合 scikit-learn 等机器学习库来构建预测模型，并使用模型预测的结果来填充缺失值。

（四）缺失值填充策略的选择与优化

在选择缺失值填充策略时，需要根据数据的实际情况和分析目的来综合考虑。不同的填充策略可能对分析结果产生不同的影响，因此需要通过实验和验证来评估各种策略的优劣。此外，还可以尝试结合多种填充策略来优化填充效果。例如，可以先对缺失值进行初步的分类和分组，然后针对不同类别的数据采用不同的填充策略。同时，还可以利用交叉验证等方法来评估填充策略的稳定性和可靠性，以确保填充后的数据能够真实反映原始数据的特征和信息。

总之，缺失值填充是财务数据分析中不可或缺的一环。Python凭借其强大的数据处理能力和丰富的库支持，为缺失值填充提供了多种策略和实现方式。通过深入理解缺失值填充的必要性、掌握常见的填充策略、熟悉Python实现缺失值填充的具体方法以及合理选择并优化填充策略，我们可以有效地处理数据中的缺失值问题，提升财务数据分析的质量和准确性。

三、异常值检测方法

在财务数据分析中，异常值的存在往往能够揭示数据中的潜在问题或特殊事件，但同时也可能对数据分析结果产生不利影响。因此，准确检测并妥善处理异常值是保证财务数据分析质量的重要步骤。Python提供了多种异常值检测方法，其中统计法和IQR（四分位距）法因其简单有效而广受欢迎。

（一）统计法检测异常值的理论基础

统计法检测异常值主要基于数据的分布特性，通过设定合理的阈值来识别那些偏离正常数据分布范围的数据点。常见的统计量包括均值、标准差、中位数等。例如，可以使用均值加减若干倍标准差作为异常值的判定标准，即认为超出这个范围的数据点为异常值。这种方法简单易行，但前提是数据需要服从或近似服从正态分布。在财务数据分析中，虽然并非所有数据都严格满足正态分布，但在很多情况下，通过适当的转换或处理，可以使其近似符合正态分布，从而应用统计法进行异常值检测。

（二）IQR 法检测异常值的优势与实践

IQR（四分位距）法是一种基于数据四分位数的异常值检测方法，其优势在于不需要假设数据服从特定的分布。IQR 定义为第三四分位数（Q3）与第一四分位数（Q1）之差，通常将低于 Q1-1.5IQR 或高于 Q3+1.5IQR 的数据点视为异常值。IQR 法对于处理偏态分布或存在极端值的数据集尤为有效，因此在财务数据分析中具有广泛的应用前景。实践中，可以使用 Python 的 Pandas 库结合 NumPy 库快速计算 IQR 并识别异常值。此外，IQR 法还具有较强的鲁棒性，对少量异常值不敏感，能够更准确地反映数据的整体分布情况。

（三）Python 实现异常值检测的具体步骤

在 Python 中实现异常值检测的具体步骤通常包括数据预处理、选择检测方法、计算统计量或 IQR、设定阈值以及识别异常值等。对于统计法，首先需要计算数据的均值和标准差（或中位数和绝对中位差等稳健统计量），然后根据设定的倍数关系确定阈值，最后筛选出超出阈值的数据点作为异常值。对于 IQR 法，则需要先计算数据的四分位数，进而求得 IQR 值，并据此设定上下限阈值进行异常值识别。Python 的 Pandas 库提供了丰富的函数和方法支持这些计算过程，使得异常值检测的实现变得简单高效。

（四）异常值处理策略与数据分析优化的关联

异常值处理策略的选择与数据分析优化的目标是紧密相连的。对于识别出的异常值，可以采取删除、替换或保留等不同的处理方式。删除异常值可以简化数据分析过程，但可能会损失部分重要信息；替换异常值则需要选择合适的替代值以保持数据的完整性和连续性；而保留异常值则可能需要在后续分析中对它们进行特殊处理或解释。无论采取何种处理策略，都需要结合数据分析的具体目标和背景来综合考虑。在财务数据分析中，异常值的处理不仅关系到数据质量的提升，还可能影响财务分析结果的准确性和可靠性。因此，在制定异常值处理策略时，需要充分评估各种策略对数据分析优化的潜在影响，并选择最适合当前分析任务的处理方式。

四、异常值处理策略（删除、替换）

在财务数据分析的实践中，异常值的处理是一个至关重要的环节。异常值的存在可能揭示数据中的特殊事件或错误，但也可能对数据分析的准确性和可靠性造成不利影响。因此，选择合适的异常值处理策略对于优化财务数据分析过程、提升分析结果的质量具有重要意义。Python作为强大的数据分析工具，为异常值的删除与替换提供了灵活而高效的解决方案。

（一）删除异常值的考量与实现

删除异常值是一种直接且简单的处理策略，其核心理念在于通过移除那些显著偏离正常数据范围的数据点来净化数据集。然而，在决定删除异常值之前，必须进行深入的考量。首先，需要评估异常值是否真正代表了数据中的错误或异常现象，而非正常的业务波动或极端情况。如果异常值是由于数据录入错误、测量误差等原因造成的，那么删除它们是合理的。但如果异常值反映了真实的业务情况，如极端的市场波动、突发的财务事件等，那么删除它们可能会导致信息损失和偏差。

在Python中，删除异常值可以通过Pandas库中的条件筛选功能轻松实现。例如，可以使用drop()函数结合布尔索引来删除超出特定阈值的数据行。然而，在执行删除操作之前，务必进行数据备份和详细记录，以便在需要时能够恢复原始数据或进行进一步分析。

（二）替换异常值的策略与技巧

与删除异常值相比，替换异常值是一种更为保守和谨慎的处理策略。替换异常值的目的是通过合理的替代值来填补数据中的空缺，从而保持数据的完整性和连续性。在选择替换策略时，需要考虑多个因素，包括数据的分布特性、异常值的数量、替换值对分析结果的影响等。

常见的替换策略包括使用中位数、均值、众数等统计量作为替代值，或者使用插值方法（如线性插值、多项式插值等）来估算异常值。在 Python 中，可以使用 fillna( ) 函数结合相应的参数来实现替换操作。例如，df.fillna(df.mean( )) 会将数据框 df 中的缺失值（或指定列中的缺失值）用该列的均值替换。然而，需要注意的是，替换异常值可能会引入一定的偏差或不确定性，因此在使用时需要谨慎评估其对分析结果的影响。

（三）异常值处理策略与数据分析优化的平衡

异常值处理策略的选择并非一成不变，而是需要根据数据分析的具体目标和背景进行灵活调整。在财务数据分析中，异常值处理策略的选择应与数据分析优化的目标保持一致。一方面，需要确保处理后的数据能够真实反映业务情况，避免信息损失和偏差；另一方面，也需要考虑处理策略对数据分析效率、准确性和可靠性的影响。

为了实现这一目标，可以采取以下策略：首先，对异常值进行详细的分类和评估，确定其是否真正代表了数据中的错误或异常现象；其次，根据数据分析的具体需求选择合适的处理策略，并在实施过程中进行监控和调整；最后，对处理后的数据进行验证和评估，确保数据分析结果的准确性和可靠性。

总之，异常值处理策略的选择是财务数据分析与优化过程中的重要环节。Python 作为强大的数据分析工具，为异常值的删除与替换提供了灵活而高效的解决方案。然而，在实际应用中，需要根据数据的具体情况和分析目标进行综合考虑和权衡，以选择最适合当前分析任务的处理策略。

第二节 数据类型转换与标准化

一、数据类型识别与转换

在财务数据分析的广阔领域中，数据类型识别与转换是不可或缺的基础环节。它们不仅是数据预处理的关键步骤，也是确保后续分析顺利进行的前提条件。Python 凭借其强大的数据处理能力和丰富的库支持，在数据类型识别与转换方面展现出了卓越的性能和灵活性。

（一）数据类型识别的必要性

数据类型识别是财务数据分析的第一步，它关乎数据的准确理解和有效处理。在财务数据中，数据类型多样，包括数值型、日期型、文本型等。不同的数据类型需要采用不同的处理方法和分析技术。例如，数值型数据适用于统计分析和计算，而日期型数据则常用于时间序列分析和趋势预测。因此，准确识别数据类型对于选择合适的分析方法和工具至关重要。Python 通过其强大的库支持，如 Pandas 和 NumPy，提供了便捷的数据类型识别功能，使得数据分析师能够轻松识别并区分不同类型的数据。

（二）数据类型转换的重要性

数据类型转换是财务数据分析中的一项重要任务，它旨在将数据转换为适合分析的形式。在实际应用中，由于数据来源的多样性和复杂性，常常会出现数据类型不匹配或不一致的情况。例如，某些数值型数据可能被错误地存储为文本型，或者日期型数据可能以非标准格式存在。这些问题都会对数据分析造成障碍。因此，通过数据类型转换，可以将数据转换为统一的、标准化的格式，从而提高数据分析的效率和准确性。Python 提供了丰富的数据类型转换函数和方法，如

astype( )、to_DateTime( ) 等，使得数据类型转换变得简单快捷。

（三）数据类型识别与转换在优化数据分析中的作用

数据类型识别与转换不仅是数据预处理的重要环节，也是优化数据分析的关键步骤。通过准确识别数据类型并进行合理的转换，可以显著提升数据分析的质量和效率。一方面，数据类型识别有助于数据分析师更好地理解数据结构，从而选择合适的分析方法和模型；另一方面，数据类型转换能够消除数据中的不一致性和冗余性，减少数据分析过程中的错误和偏差。此外，通过优化数据类型转换的策略和流程，还可以进一步提高数据分析的自动化程度和可重复性，降低人工干预的成本和风险。

（四）Python 在数据类型识别与转换中的优势与应用实践

Python 在数据类型识别与转换中展现出了诸多优势。首先，Python 拥有丰富的数据处理库和工具，如 Pandas、NumPy、DateTime 等，这些库提供了强大的数据类型识别与转换功能，使得数据分析师能够轻松应对各种复杂的数据类型问题。其次，Python 的语法简洁明了，易于学习和掌握，使得数据分析师能够快速上手并高效地完成数据类型识别与转换任务。最后，Python 还具有良好的可扩展性和可定制性，支持用户根据实际需求编写自定义的函数和方法，以满足特定的数据处理需求。

在应用实践中，Python 的数据类型识别与转换功能被广泛应用于财务数据分析的各个环节。例如，在数据清洗阶段，数据分析师可以使用 Python 的 Pandas 库对数据进行预处理，包括识别数据类型、转换数据类型、处理缺失值等。在数据分析阶段，数据类型识别与转换则有助于数据分析师选择合适的分析方法和模型，对财务数据进行深入挖掘和洞察。在数据可视化阶段，数据类型转换则能够确保数据以正确的形式呈现给决策者，为决策提供有力支持。

数据类型识别与转换是财务数据分析与优化中的基石。Python 凭借其强大的数据处理能力和丰富的库支持，在这一领域展现出了卓越的性能和灵活性。通过准确识别数据类型并进行合理的转换，数据分析师能够提升数据分析的质量和效率，为企业的财务决策提供更加有力的支持。

二、数值型数据标准化与归一化

在财务数据分析的深度探索中，数值型数据的标准化与归一化扮演着至关重要的角色。这两个过程不仅关乎数据预处理的质量，还直接影响到后续分析模型的性能与结果的准确性。Python 凭借其高效的数据处理能力和丰富的库支持，为数值型数据的标准化与归一化提供了强大的工具。

（一）标准化与归一化的概念与意义

标准化与归一化是数据预处理中常用的两种技术，它们旨在通过数学变换将数据映射到特定的数值范围内，以消除不同量纲或量级对数据分析的影响。标准化通常指将数据按比例缩放，使其符合标准正态分布（即均值为 0，标准差为 1）。而归一化则是将数据缩放到一个小的特定区间，如 [0, 1]。在财务数据分析中，由于不同财务指标的量纲和量级可能存在巨大差异，直接进行分析可能导致某些指标的作用被夸大或忽视。因此，通过标准化与归一化，可以确保所有指标在模型中拥有相同的权重，从而提高分析结果的准确性和可靠性。

（二）Python 在数值型数据标准化与归一化中的实现方法

Python 提供了多种实现数值型数据标准化与归一化的方法，主要通过 sklearn.preprocessing 模块中的 StandardScaler 和 MinMaxScaler 类来完成。StandardScaler 用于数据的标准化处理，通过计算数据的均值和标准差，将数据转换为标准正态分布。而 MinMaxScaler 则用于数据的归一化处理，通过找到数据的最小值和最大值，将数据缩放到 [0, 1] 区间内。此外，Python 的 Pandas 库也提供了简单的数据缩放功能，如使用 apply(lambda x: (x - x.min( )) / (x.max( ) - x.min( ))) 进行归一化处理。这些方法的灵活性和高效性，使得 Python 成为处理财务数据分析中数值型数据标准化与归一化的首选工具。

（三）标准化与归一化对财务数据分析优化的影响

标准化与归一化在财务数据分析优化中发挥着不可替代的作用。首先，它们能够显著提高数据分析的准确性和可靠性。通过消除不同量纲和量级的影响，确保所有财务指标在模型中拥有相同的权重，从而避免某些指标的作用被夸大或忽视。其次，它们能够提升数据分析模型的性能。在机器学习算法中，很多算法都对数据的分布有一定的要求，如线性回归、逻辑回归等算法在数据标准化后表现更佳。最后，标准化与归一化还能够提高数据分析的效率和可重复性。通过标准化的处理流程，可以确保不同批次或不同时间点的数据在预处理阶段保持一致，从而便于后续分析结果的比较和验证。

（四）标准化与归一化在实际应用中的考量与注意事项

在实际应用中，进行数值型数据的标准化与归一化时，需要注意以下几点。首先，要根据具体的数据分析需求和模型特点选择合适的标准化或归一化方法。不同的方法适用于不同的场景和数据分布特点，因此需要仔细评估并选择最适合当前任务的方法。其次，要注意处理数据中的异常值和缺失值。异常值可能会对标准化或归一化的结果产生较大影响，因此需要先进行异常值检测和处理。同时，缺失值也需要进行适当的填充或删除处理，以避免对后续分析造成干扰。最后，要关注标准化或归一化后数据的可解释性和业务意义。虽然标准化和归一化能够提高数据分析的准确性和效率，但也可能导致数据失去原有的业务含义和可解释性。因此，在进行标准化或归一化处理后，需要对结果进行仔细评估和解释，以确保其符合业务需求和预期目标。

三、文本数据编码与转换

在财务数据分析的广阔领域中，文本数据作为非结构化数据的重要组成部分，蕴含着丰富的信息和价值。然而，由于文本数据的复杂性和多样性，直接对其进行分析往往面临诸多挑战。因此，文本数据的编码与转换成为连接文本数据与财务分析模型的关键桥梁。Python 凭借其强大的文本处理能力和丰富的库支持，在文本数据编码与转换方面展现出了独特的优势。

（一）文本数据编码与转换的必要性

文本数据编码与转换是财务数据分析中不可或缺的一步。由于文本数据通常以自然语言的形式存在，其格式、词汇、语法等方面存在巨大的差异性和复杂性。这些差异性和复杂性不仅增加了数据分析的难度，还可能对分析结果的准确性和可靠性产生负面影响。因此，通过文本数据编码与转换，将文本数据转换为计算机可理解和处理的形式，是确保后续分析顺利进行的前提条件。Python 提供了多种文本处理库和工具，如 NLTK、SpaCy、Gensim 等，这些工具能够支持文本数据的分词、去停用词、词干提取、词形还原、向量化等编码与转换操作，为财务数据分析提供了有力的支持。

（二）文本数据编码与转换在财务数据分析中的应用

文本数据编码与转换在财务数据分析中具有广泛的应用。首先，在财务报告中，大量的文本信息如财务报表附注、管理层讨论与分析等，蕴含着丰富的财务信息和风险信号。通过文本数据编码与转换，可以提取出这些关键信息，并进行量化分析，以评估公司的财务状况和经营风险。其次，在财务新闻和社交媒体中，文本数据也扮演着重要的角色。通过监控和分析这些文本数据，可以及时发现市场趋势、投资者情绪等关键信息，为投资决策提供有力支持。最后，Python 的文本处理库不仅支持基本的文本编码与转换操作，还能够结合机器学习算法，实现文本数据的情感分析、主题提取等高级功能，进一步提升财务数据分析的深度和广度。

（三）文本数据编码与转换对财务数据分析优化的影响

文本数据编码与转换对财务数据分析优化具有深远的影响。首先，通过文本数据编码与转换，可以消除文本数据中的冗余信息和噪声，提高数据的质量和纯度。这有助于减少数据分析过程中的干扰因素，提高分析结果的准确性和可靠性。其次，文本数据编码与转换能够将文本数据转换为数值型数据，使其能够直接应用于各种统计分析和机器学习模型中。这不仅扩展了财务数据分析的方法和工具，还提高了数据分析的效率和自动化程度。最后，通过文本数据编码与转换，可以挖掘出文本数据中隐藏的关联性和模式，揭示出财务数据背后的深层次信息和规律。这有助于发现新的投资机会、评估潜在风险，为企业的财务决策提供更加全面和深入的支持。

（四）文本数据编码与转换的注意事项与未来展望

在进行文本数据编码与转换时，需要注意以下几点。首先，要选择合适的编码与转换方法。不同的文本数据具有不同的特点和需求，因此需要根据实际情况选择合适的编码与转换方法。其次，要注意文本数据的预处理工作。预处理是文本数据编码与转换的重要环节，包括数据清洗、分词、去停用词等步骤。这些步骤的质量直接影响到后续编码与转换的效果。最后，要关注文本数据编码与转换后的可解释性和业务意义。虽然编码与转换能够提高数据分析的效率和准确性，但也可能导致数据失去原有的业务含义和可解释性。因此，在进行编码与转换后，需要对结果进行仔细评估和解释，以确保其符合业务需求和预期目标。

展望未来，随着自然语言处理技术的不断发展和完善，文本数据编码与转换在财务数据分析中的应用将更加广泛和深入。一方面，新的编码与转换方法将不断涌现，为文本数据的处理和分析提供更加高效和准确的工具；另一方面，随着大数据和人工智能技术的普及和应用，文本数据将与其他类型的数据进行深度融合和交叉分析，为财务数据分析提供更加全面和深入的视角。这将有助于发现更多的投资机会、评估潜在风险，为企业的财务决策提供更加有力的支持。

四、日期时间数据格式处理

在财务数据分析的广阔领域中，日期时间数据作为数据的重要组成部分，不仅记录了财务活动的时间线，还隐含了市场趋势、季节性变化等关键信息。因此，正确、高效地处理日期时间数据格式对于提升财务数据分析的准确性和时效性至关重要。Python 凭借其强大的日期时间处理库和灵活的编程能力，在日期时间数据格式处理方面展现出了卓越的性能。

（一）日期时间数据格式处理的基础与重要性

日期时间数据格式处理是财务数据分析的基石之一。财务数据中的日期时间信息往往以多种格式存在，如年月日、时分秒、时间戳等。这些不同格式的日期时间数据在分析和比较时可能产生混淆和误差，因此需要进行统一和标准化的处理。Python 的 DateTime 模块和 Pandas 库中的 DateTime 功能提供了丰富的日期时间处理工具，能够轻松实现日期时间的解析、格式化、加减运算、时区转换等操作。这些工具不仅简化了日期时间数据处理的复杂性，还提高了数据处理的准确性和效率，为后续的财务数据分析奠定了坚实的基础。

（二）Python 在日期时间数据格式处理中的应用实践

Python 在日期时间数据格式处理中的应用实践广泛而深入。在财务数据分析中，经常需要对日期时间数据进行排序、筛选、分组等操作，以揭示财务数据随时间变化的规律和趋势。Python 的 Pandas 库提供了强大的日期时间索引功能，支持基于日期的快速数据检索和聚合分析。通过设置日期时间索引，用户可以轻松实现按日、周、月、年等时间粒度进行数据汇总和分析。此外，Python 还支持与第三方库如 matplotlib、seaborn 等结合使用，实现日期时间数据的可视化展示，使分析结果更加直观易懂。这些应用实践不仅提高了财务数据分析的效率和准确性，还增强了分析结果的可读性和可理解性。

（三）日期时间数据格式处理对财务数据分析优化的影响

日期时间数据格式处理对财务数据分析优化具有深远的影响。首先，通过统一和标准化的日期时间数据格式处理，可以消除因数据格式不一致而导致的分析误差和混淆，提高分析结果的准确性和可靠性。其次，日期时间数据的灵活处理能够支持更加精细和深入的数据分析。例如，通过按时间粒度对数据进行分组和聚合分析，可以揭示财务数据在不同时间段内的变化趋势和规律；通过时间序列分析等方法，可以预测未来的财务数据走势和市场趋势。这些深入的分析不仅有助于企业制定更加精准的财务策略和经营计划，还能够提高企业对市场变化的敏感度和应对能力。最后，日期时间数据的可视化展示能够将复杂的分析结果以直观、易懂的方式呈现出来，降低沟通成本和提高决策效率。

（四）日期时间数据格式处理的未来趋势与挑战

随着大数据和人工智能技术的不断发展，日期时间数据格式处理在财务数据分析中的应用也将迎来新的机遇和挑战。一方面，随着数据量的不断增大和数据来源的多样化，如何高效地处理和存储海量的日期时间数据将成为未来的重要课题。Python 及其生态系统中的工具库将不断优化和升级，以应对这一挑战。另一方面，随着跨时区交易和国际金融市场的日益繁荣，如何处理不同时区下的日期时间数据也将成为财务数据分析中的重要问题。Python 的 pytz 库和 dateutil 等工具提供了强大的时区转换和处理功能，但如何将这些功能更好地集成到财务分析流程中并确保数据的准确性和一致性仍需进一步探索和研究。此外，随着自然语言处理技术的进步和普及，未来还可能出现基于自然语言理解的日期时间数据提取和处理技术，这将为财务数据分析带来更多的便利和可能性。

第三节　重复数据识别与去重

一、重复数据识别方法

在财务数据分析的实践中，重复数据的存在不仅会增加数据处理的复杂性和计算成本，还可能对分析结果产生误导，影响决策的准确性和效率。因此，识别并处理这些重复数据是财务数据分析与优化过程中不可或缺的一环。Python 凭借其强大的数据处理能力和丰富的库支持，为重复数据的识别提供了多种高效、灵活的方法。

（一）重复数据识别的必要性及其影响

重复数据识别是财务数据分析的基础工作之一，其必要性不言而喻。财务数据中可能由于多种原因产生重复记录，如数据录入错误、系统同步问题、多源数据合并等。这些重复数据如果不加以处理，将直接影响数据分析的准确性和可靠性。一方面，重复数据可能导致分析结果夸大或扭曲实际情况，误导决策者做出错误判断；另一方面，重复数据还会增加数据处理的负担，降低分析效率。因此，通过有效的重复数据识别方法，及时发现并处理这些重复数据，对于提高财务数据分析的准确性和效率具有重要意义。

（二）Python 在重复数据识别中的核心技术与工具

Python 在重复数据识别方面提供了多种核心技术和工具，能够满足不同场景下的需求。首先，Pandas 库是 Python 中处理数据表格的强大工具，它内置了 duplicated( ) 和 drop_duplicates( ) 等函数，能够轻松识别并去除数据中的重复项。这些函数支持多种参数设置，如根据指定列进行重复检测、保留或删除重复项等，提供了灵活的数据去重方案。其次，NumPy 库作为 Python 中用于科学计算的基础库，也提供了支持数组操作的功能，虽然不直接用于重复数据识别，但可以通过与 Pandas 等库的结合使用，实现更复杂的数据处理逻辑。最后，Python 的哈希表和集合数据结构也为重复数据识别提供了有效的工具，通过将这些数据结构应用于数据去重过程中，可以进一步提高处理效率和准确性。

（三）Python 重复数据识别方法的实际应用与优势

Python 的重复数据识别方法在实际应用中展现出了显著的优势。首先，这些方法简单易用，通过几行代码即可实现复杂的数据去重逻辑。对于非专业数据分析人员来说，也能够快速上手并应用到实际工作中。其次，这些方法具有高度的灵活性和可扩展性。通过调整参数设置或结合其他数据处理工具和方法，可以应对各种复杂的数据去重场景。例如，在处理多源数据合并时，可以根据数据源的特点选择合适的去重策略；在处理大规模数据集时，可以通过并行计算等方式提高处理效率。最后，这些方法还具有良好的可维护性和可复用性。通过封装成函数或模块的形式，可以将重复数据识别的逻辑代码化并重用于其他项目或任务中，降低了重复劳动和出错的风险。

（四）未来展望与挑战

随着财务数据分析的深入发展和数据量的不断增长，Python 在重复数据识别方面的应用也将面临新的机遇和挑战。一方面，随着技术的不断进步和算法的不断优化，Python 的重复数据识别方法将更加高效、准确和智能化。例如，通过引入机器学习算法和深度学习技术，可以实现对复杂数据结构和模式的自动识别和去重；通过结合自然语言处理技术，可以实现对文本数据中重复信息的有效识别和处理。另一方面，随着数据安全和隐私保护意识的不断提高，如何在保障数据安全和隐私的前提下进行有效的重复数据识别也将成为未来需要关注的重要问题。因此，在未来的发展中，Python 的重复数据识别方法需要不断创新和完善，以更好地适应财务数据分析的需求和挑战。

二、基于 Pandas 的去重操作

在财务数据分析的实践中，数据清洗是不可或缺的一环，而去重作为数据清洗的重要组成部分，对于提高数据质量、减少分析误差具有重要意义。Pandas 作为 Python 中数据处理与分析的核心库之一，提供了强大而灵活的去重功能，能够满足财务数据分析中对于高效、准确去重的需求。

（一）Pandas 去重功能的基本介绍与工作原理

Pandas 库中的去重功能主要通过 drop_duplicates( ) 方法实现。该方法能够自动识别数据中的重复行，并根据用户指定的列进行去重处理。其工作原理是基于哈希表或排序等算法，对数据集进行快速扫描，识别出重复的记录，并根据用户的指令删除或保留其中的一份。这一过程不仅高效，而且易于实现，为财务数据分析人员提供了极大的便利。

（二）Pandas 去重操作在财务数据分析中的应用场景

在财务数据分析中，基于 Pandas 的去重操作具有广泛的应用场景。首先，在处理原始财务数据时，如销售记录、交易流水等，常常会出现由于系统错误或人为失误导致的重复记录。通过去重操作，可以确保数据集的纯净度，为后续分析提供可靠的基础。其次，在合并多个数据源时，如将不同部门的财务报表合并为一个整体数据集，可能会因为数据录入格式或系统差异而产生重复项。此时，利用 Pandas 的去重功能可以轻松地消除这些重复记录，提高数据整合的效率和准确性。此外，在进行时间序列分析或趋势预测时，去重操作也是必不可少的步骤之一，因为重复的数据点可能会扭曲数据的真实分布和趋势特征。

（三）Pandas 去重操作的优点与性能考量

基于 Pandas 的去重操作具有诸多优点。首先，该方法简单易用，用户只需调用 drop_duplicates( ) 方法并指定相应的参数即可实现去重功能，无须编写复杂的代码逻辑。其次，Pandas 的去重操作速度快、效率高，能够在大规模数据集上

快速运行而不会出现明显的性能瓶颈。这得益于 Pandas 底层实现的优化算法和数据结构的设计。然而，在享受这些优点的同时，也需要考虑一些性能考量因素。例如，在处理含有大量列或重复项比例较高的数据集时，去重操作可能会消耗较多的内存和计算资源。因此，在实际应用中需要根据数据集的特点和分析需求合理设置去重参数以平衡性能和效率。

（四）未来发展趋势与面临的挑战

随着财务数据分析的深入发展和数据量的不断增长，基于 Pandas 的去重操作也将面临新的发展趋势和挑战。一方面，随着算法和技术的不断进步，Pandas 的去重功能将更加智能化和自动化。例如，未来可能会引入更先进的机器学习算法来自动识别并处理复杂的数据重复问题；或者通过优化底层实现进一步提高去重操作的效率和准确性。另一方面，随着数据安全和隐私保护意识的不断提高，如何在保障数据安全和隐私的前提下进行有效的去重操作也将成为未来需要关注的重要问题。因此，在未来的发展中，Pandas 的去重功能需要不断创新和完善以适应新的应用场景和需求挑战。同时，也需要加强与其他数据处理和分析工具的集成与协作以提供更全面、更强大的数据分析解决方案。

三、去重后数据一致性校验

在财务数据分析的流程中，尽管去重操作能够显著提升数据集的纯净度，但去重后的数据仍需经过严格的一致性校验，以确保数据的准确性和可靠性。一致性校验是数据质量控制的关键环节，对于发现潜在的数据错误、确保分析结果的正确性具有重要意义。Python 凭借其强大的数据处理能力和丰富的库支持，为去重后数据的一致性校验提供了高效、灵活的解决方案。

（一）数据一致性校验的必要性

数据一致性是指数据集中各元素之间保持的逻辑关系或约束条件的正确性。在财务数据分析中，数据一致性对于确保分析结果的有效性和可信度至关重要。

去重操作虽然能够减少重复数据对分析结果的干扰，但并不能完全保证数据的一致性。例如，去重后可能仍存在数据录入错误、逻辑矛盾或违反业务规则的情况。因此，进行数据一致性校验是确保数据质量、提升分析准确性的必要步骤。

（二）Python在数据一致性校验中的应用方法

Python在数据一致性校验中提供了多种方法和工具，包括但不限于条件判断、数据验证、统计分析和机器学习等。具体而言，可以利用Pandas库的数据筛选和聚合功能，结合业务逻辑规则对数据进行条件判断，验证数据的合理性和正确性。同时，还可以利用NumPy库进行数学运算和统计分析，检查数据是否满足特定的统计规律和分布特征。此外，对于复杂的数据关系和数据模式识别问题，可以引入机器学习算法进行自动化校验和异常检测。这些方法的应用能够大大提高数据一致性校验的效率和准确性。

（三）一致性校验的具体实施步骤与注意事项

在进行数据一致性校验时，需要遵循一定的实施步骤并注意相关事项。首先，需要明确校验的目标和范围，确定哪些数据需要进行校验以及校验的具体内容。其次，根据业务逻辑和数据特点制定校验规则，确保规则的准确性和全面性。然后，利用Python及其相关库实现校验规则的自动化执行，对去重后的数据进行全面检查。在校验过程中，需要关注数据的异常值和缺失值处理，以及校验结果的记录和反馈机制。最后，根据校验结果对数据进行必要的修正和调整，确保数据的准确性和一致性。

（四）一致性校验在财务数据分析与优化中的价值与挑战

一致性校验在财务数据分析与优化中具有重要的价值。通过校验可以发现并纠正数据中的错误和异常值，提高数据质量和分析结果的准确性；同时，还可以揭示数据中的潜在规律和趋势，为业务决策提供有力支持。然而，一致性校验也面临着诸多挑战。首先，随着数据量的不断增长和复杂度的提高，校验的难度和成本也在不断增加。其次，不同数据源之间的数据格式和规则差异可能导致校验规则的制定和执行变得复杂而烦琐。此外，如何确保校验规则的准确性和全面性也是一个需要不断探索和改进的问题。因此，在未来的发展中，需要不断优化一致性校验的方法和技术手段以应对这些挑战并提升数据质量控制的效率和效果。

四、重复数据处理策略选择

在财务数据分析的实践中，面对重复数据的处理，选择合适的策略是至关重要的。不同的策略不仅会影响数据处理的效率和准确性，还会间接影响到后续分析结果的可靠性和有效性。Python 凭借其强大的数据处理能力和灵活的编程特性，为重复数据的处理提供了多样化的策略选择。

（一）理解重复数据的本质与影响

在探讨重复数据处理策略之前，首先需要深入理解重复数据的本质及其对财务数据分析的影响。重复数据可能源于多种原因，如数据录入错误、系统同步问题、数据整合时的疏忽等。这些重复数据不仅会增加数据处理的复杂性和计算成本，还可能导致分析结果的扭曲和误导。因此，在处理重复数据时，需要充分认识到其潜在的风险和危害，以便有针对性地选择合适的处理策略。

（二）评估不同处理策略的适用性与效果

在 Python 环境下，处理重复数据的策略多种多样，包括但不限于删除重复项、合并重复项、标记重复项等。每种策略都有其独特的适用场景和优缺点。例如，删除重复项是最直接的处理方式，能够迅速减少数据集的大小并提高后续分析的效率；但同时也可能导致信息的丢失和数据的片面性。合并重复项则可以在保留信息完整性的同时减少冗余数据，但合并规则的设计和实施可能较为复杂。标记重复项则是一种折中的方法，既保留了原始数据又便于后续分析时的识别和处理。因此，在选择处理策略时，需要根据数据的实际情况和分析需求进行综合评估，以选择最适合的策略。

（三）结合业务逻辑与数据特点制定个性化策略

财务数据分析往往涉及复杂的业务逻辑和数据特点，这要求我们在选择重复数据处理策略时充分考虑这些因素。例如，在某些业务场景中，重复数据可能代表着特定的业务规则或流程（如订单的多次确认或支付记录的多次更新），此时简单地删除或合并这些重复数据可能并不合适。相反，需要根据业务逻辑制定个性化的处理策略，以保留这些数据的业务意义和价值。同时，还需要考虑数据的特点（如数据类型、数据规模、数据结构等），以便选择最适合的数据处理工具和方法。

（四）持续优化与调整处理策略以适应变化

随着财务数据分析的深入和业务环境的变化，重复数据的处理策略也需要不断优化和调整。一方面，需要定期回顾和评估现有策略的有效性和适用性，及时发现并解决存在的问题；另一方面，还需要密切关注新兴技术和方法的发展动态，积极引入新的工具和手段来提高重复数据处理的效率和准确性。此外，还需要加强与业务部门的沟通和协作，及时了解业务需求和数据变化情况，以便灵活调整处理策略以适应变化。通过持续优化与调整处理策略，可以确保财务数据分析的准确性和可靠性，为企业的决策提供更加有力的支持。

第四节　数据合并与拆分技巧

一、Pandas 数据合并方法

在财务数据分析的广阔领域中，数据的合并是一个至关重要的步骤，它允许分析师将来自不同源或不同时间点的数据集整合为一个统一的整体，以便进行更深入的分析和洞察。Pandas 库作为 Python 数据分析的基石，提供了三种主要的数据合并方法，即 merge、join 和 concat。这些方法各具特色，适用于不同的合并场景。

（一）数据合并方法的基础概念与差异

merge、join 和 concat 是 Pandas 中用于数据合并的三大核心函数，它们各自基于不同的逻辑和参数进行数据整合。merge 方法基于两个 DataFrame 之间的共同列（即键）进行合并，类似于 SQL 中的 JOIN 操作，支持多种类型的合并（如内连接、外连接等）。join 方法则是 merge 的一个特例，主要用于在 DataFrame 的索引上进行合并，默认执行的是左连接（left join）。而 concat 方法则更加灵活，它允许用户沿着一个轴（通常是行或列）将多个 Pandas 对象（如 DataFrame 或 Series）堆叠起来，无须共同的键或索引。

（二）数据合并方法在财务数据分析中的适用场景与优势

在财务数据分析中，这些合并方法各自有着广泛的应用场景。例如，merge 方法适用于需要将两个或多个包含关键业务信息的表格（如销售记录、客户信息等）根据某个或多个共同字段（如订单号、客户 ID）进行合并的场景。这种合并能够帮助分析师获得更全面的数据视图，从而进行更深入的分析。join 方法则特别适用于那些已经以索引作为关键业务信息的场景，如时间序列数据分析中，不同时间序列数据可能以日期为索引进行合并。而 concat 方法则适用于需要将多个相似结构的数据集（如不同年份的财务报表）合并为一个大型数据集进行统一分析的情况。

（三）数据合并方法的参数设置与性能优化

在使用这些合并方法时，合理的参数设置对于提高合并效率和优化性能至关重要。对于 merge 和 join 方法，正确指定合并的键（或索引）以及合并类型（如内连接、外连接等）是关键。此外，还可以通过设置 how、on、left_on、right_on 等参数来进一步控制合并的行为。而对于 concat 方法，除了需要指定合并的轴（axis 参数）外，还可以通过 ignore_index 参数来决定是否重置合并后数据的索引。在性能优化方面，合理的数据排序和索引设置可以显著提高合并的效率。

例如，在进行 merge 操作前，对合并的键进行排序可以加速合并过程。

（四）数据合并方法在财务数据分析优化中的作用与影响

数据合并作为财务数据分析流程中的关键步骤，其方法和策略的选择直接影响到后续分析的准确性和效率。通过合理使用 merge、join 和 concat 等合并方法，分析师可以更加灵活地处理来自不同源的数据集，将它们整合为一个统一、完整的数据视图。这不仅有助于减少数据分析过程中的冗余和重复劳动，提高分析效率；还能够促进不同数据源之间的信息共享和交互，为更深入的财务分析和优化提供有力支持。此外，通过不断学习和掌握这些合并方法的最佳实践和优化技巧，分析师还可以不断提升自己的数据分析能力和水平，为企业创造更大的价值。

二、基于条件的数据拆分

在财务数据分析的复杂过程中，数据拆分是一个至关重要的环节，它允许分析师根据特定的业务逻辑或分析需求，将庞大的数据集分割成更小、更易于管理的部分。Python 凭借其强大的数据处理能力和灵活的编程特性，为基于条件的数据拆分提供了丰富的工具和解决方案。

（一）数据拆分的重要性与目的

数据拆分在财务数据分析中扮演着举足轻重的角色。一方面，它有助于简化分析过程，通过将大数据集分割成更小的部分，每个部分都可以独立地进行深入分析和处理；另一方面，数据拆分也是实现精细化分析的关键步骤，通过设定特定的条件，分析师可以专注于数据中的特定子集，从而发现更加细致、深入的财务规律和趋势。此外，数据拆分还有助于提高分析结果的准确性和可靠性，通过减少分析过程中的干扰因素，确保分析结论的针对性和有效性。

（二）条件设定的原则与技巧

在进行基于条件的数据拆分时，合理的条件设定至关重要。条件设定的原则应基于业务逻辑和分析需求，确保拆分后的数据集能够准确地反映特定的问题或假设。在技巧方面，分析师可以利用 Pandas 库中的布尔索引功能，通过设定一系列的逻辑表达式来筛选出满足特定条件的数据行。同时，还可以结合使用 groupby、filter 等函数，根据数据的某些特征进行分组和筛选，以实现更加精细化的数据拆分。

（三）数据拆分方法的多样性与选择

Python 提供了多种数据拆分的方法，包括但不限于布尔索引、query 方法、groupby 结合 filter 以及使用 apply 函数进行自定义拆分等。这些方法各具特色，适用于不同的拆分场景。例如，布尔索引适用于简单的条件筛选；query 方法则提供了一种更为直观和易读的方式来编写筛选条件；groupby 结合 filter 则适用于需要根据某个或多个列的分组结果进行筛选的场景；而 apply 函数则提供了最大的灵活性，允许分析师编写自定义的拆分逻辑。在选择拆分方法时，分析师应根据数据的实际情况和分析需求进行综合考虑，选择最适合的方法来实现数据拆分。

（四）数据拆分后的处理与分析

数据拆分并非终点，而是进一步分析和优化的起点。在拆分后的数据集上，分析师可以进行更加深入和细致的分析，如趋势分析、对比分析、异常值检测等。同时，还可以结合使用 Python 中的其他数据处理和可视化工具（如 Matplotlib、Seaborn 等），将分析结果以图表的形式直观地呈现出来，以便更好地理解和解释数据中的规律和趋势。此外，对于拆分后发现的问题或异常，分析师还可以进一步追溯原始数据或调整拆分条件，以优化分析结果和提高数据质量。

（五）数据拆分在财务数据分析优化中的作用与影响

基于条件的数据拆分在财务数据分析优化中发挥着重要作用。它不仅有助于简化分析过程和提高分析效率，还能够促进分析的精细化和深入化，使得分析师能够更加准确地把握财务数据的本质和规律。同时，通过数据拆分还可以发现数据中的潜在问题和异常值，为后续的数据清洗和预处理工作提供有力支持。此外，数据拆分还有助于提高分析结果的针对性和实用性，使得分析结果更加贴近业务实际和决策需求。因此，在财务数据分析的实践中，掌握基于条件的数据拆分方法和技巧对于提高分析水平和优化分析过程具有重要意义。

三、多表关联查询与数据整合

在财务数据分析的实践中，多表关联查询与数据整合是一项基础而复杂的任务，它要求分析师能够有效地将存储在多个数据表中的信息连接起来，形成一个完整、一致的数据视图。Python 特别是其数据分析库 Pandas，提供了强大的工具来支持这一过程。

（一）多表关联查询的必要性与挑战

在财务数据分析中，数据往往分散在多个表中，每个表可能包含特定的业务信息或维度。为了进行全面的财务分析，需要将这些分散的数据表通过某种方式关联起来，形成一个综合的数据集。多表关联查询正是解决这一问题的关键手段。然而，这一过程也伴随着诸多挑战，如不同表之间可能存在字段名不一致、数据类型不匹配、缺失值处理等问题，这些都要求分析师具备扎实的数据处理能力和丰富的实践经验。

（二）Pandas 在多表关联查询中的优势

Pandas 库提供了多种方法来实现多表关联查询，其中最常用的是 merge 函数。merge 函数基于两个或多个 DataFrame 之间的共同列（即键）进行合并，类似于 SQL 中的 JOIN 操作。与 SQL 相比，Pandas 的 merge 函数具有更高的灵活性和易用性，它支持多种合并类型（如内连接、外连接等），并允许用户自定义合并的键和条件。此外，Pandas 还提供了 join 和 concat 等函数来支持其他类型的数据整合操作，使得多表关联查询在 Python 环境下变得更加高效和便捷。

（三）多表关联查询中的关键步骤与注意事项

在进行多表关联查询时，需要遵循一系列关键步骤和注意事项以确保查询结果的准确性和可靠性。首先，需要明确关联查询的目的和所需的业务信息，以确定需要关联的数据表和关联键。其次，需要确保参与关联的数据表已经过适当的数据清洗和预处理，包括字段名统一、数据类型转换、缺失值处理等。在关联查询过程中，还需要注意合并类型的选择以及如何处理重复项和冲突数据。最后，需要对关联查询的结果进行验证和检查，以确保其符合预期的业务逻辑和数据分析需求。

（四）数据整合后的分析与优化

多表关联查询与数据整合的目的是获得一个完整、一致的数据视图，以便进行更深入的分析和优化。在数据整合完成后，分析师可以运用各种统计方法和分析工具对整合后的数据集进行探索性数据分析（EDA）、趋势分析、对比分析等。这些分析有助于揭示财务数据中的内在规律和趋势，为企业的财务决策提供支持。同时，基于整合后的数据集，还可以进行进一步的优化工作，如建立预测模型、制定成本控制策略等，以提高企业的财务绩效和市场竞争力。

（五）多表关联查询与数据整合在财务数据分析优化中的作用与影响

多表关联查询与数据整合在财务数据分析优化中发挥着至关重要的作用。它们不仅帮助分析师打破了数据孤岛，实现了跨表数据的无缝连接，还使得分析过程更加全面和深入。通过多表关联查询与数据整合，分析师能够获得更加完整和准确的数据信息，从而做出更加科学合理的财务决策。此外，这一过程还有助于提高数据分析的效率和准确性，降低分析过程中的错误率和成本。因此，在财务数据分析的实践中，掌握多表关联查询与数据整合的方法和技巧对于提高分析水平和优化分析过程具有重要意义。

四、合并与拆分后的数据验证与清洗

在财务数据分析的流程中，数据合并与拆分是构建分析框架的重要步骤，

但随之而来的数据验证与清洗则是确保分析结果准确性和可靠性的关键环节。Python 凭借其强大的数据处理能力和丰富的库支持，为这一过程提供了高效而灵活的工具。

（一）数据验证的重要性与必要性

数据验证是确保合并与拆分后数据质量的第一道防线。在财务数据分析中，数据的准确性直接关系到分析结论的可靠性。因此，对合并与拆分后的数据进行全面的验证，检查其是否符合业务逻辑、是否存在数据错误或不一致等问题，是确保分析结果有效性的重要保障。数据验证的重要性在于它能够及时发现并纠正数据中的潜在问题，避免将错误的数据带入后续的分析过程中，从而提高分析结果的准确性和可信度。

（二）数据清洗的策略与方法

数据清洗是合并与拆分后数据验证的延续，也是提高数据质量的重要手段。在财务数据分析中，数据清洗通常包括处理缺失值、异常值、重复值以及数据格式转换等任务。针对缺失值，可以采用填充、删除或插值等方法进行处理；对于异常值，需要根据业务逻辑和数据分析需求进行识别并决定是保留还是剔除；对于重复值，则需要通过去重操作来确保数据的唯一性。此外，数据清洗还包括对数据类型、数据格式等进行统一和规范化的处理，以确保数据的一致性和可比性。Python 的 Pandas 库提供了丰富的数据清洗函数和工具，如 fillna、dropna、duplicated、replace 等，使得数据清洗过程变得高效而便捷。

（三）验证与清洗过程中的挑战与应对

在合并与拆分后的数据验证与清洗过程中，可能会遇到各种挑战和难题。例如，数据中的异常值可能难以准确识别，需要借助统计学方法或业务经验进行判断；缺失值的处理也需要根据数据的具体情况和分析需求进行灵活处理；同时，不同数据源之间的数据格式和编码方式可能存在差异，需要进行统一和转换。为了应对这些挑战，分析师需要具备扎实的统计学基础和丰富的业务经验，以便准确判断数据中的问题和选择合适的处理方法；此外，还需要熟练掌握 Python 等数据分析工具的使用技巧，以便高效地完成数据验证与清洗工作。

（四）验证与清洗对财务数据分析优化的影响

数据验证与清洗作为财务数据分析流程中的重要环节，对分析结果的准确性和可靠性具有重要影响。通过全面的数据验证和精细的数据清洗，可以确保合并与拆分后的数据质量达到分析要求，为后续的数据分析提供坚实的数据基础。高质量的数据不仅能够提高分析结果的准确性和可信度，还能够降低分析过程中的错误率和成本。同时，数据验证与清洗也是优化分析流程和提高分析效率的关键步骤。通过及时发现并纠正数据中的问题，可以减少后续分析中的返工和修正工作，提高整个分析流程的效率和顺畅度。因此，在财务数据分析的实践中，重视并加强合并与拆分后的数据验证与清洗工作对于提高分析水平和优化分析过程具有重要意义。

第五节 时间序列数据处理在财务中的应用

一、时间序列数据基本概念与特性

在财务数据分析的广阔领域中，时间序列数据作为一类特殊的数据类型，承载着企业运营过程中随时间变化的丰富信息。Python 凭借其强大的数据处理能力和丰富的库支持，成为处理和分析时间序列数据的理想工具。

（一）时间序列数据的基本概念

简而言之，时间序列数据是按照时间顺序排列的一系列观测值。在财务数据分析中，这些观测值可能代表企业的收入、支出、利润、股票价格等财务指标。

时间序列数据不仅记录了数据本身的大小，还隐含了数据随时间变化的趋势、周期性以及可能的突发事件等重要信息。因此，对于财务分析师而言，理解和掌握时间序列数据的基本概念是进行有效数据分析的前提。

（二）时间序列数据的特性

时间序列数据具有多个独特的特性，这些特性对于财务数据分析与优化至关重要。首先，时间序列数据具有时间依赖性，即数据点之间的关联性往往与时间间隔有关。这意味着在分析时需要考虑数据的时序性，不能简单地将数据视为独立的观测值。其次，时间序列数据可能表现出趋势性，即数据随时间推移而呈现出上升或下降的趋势。这种趋势反映了企业财务状况或市场环境的长期变化。再次，时间序列数据还可能存在周期性，即数据在特定时间间隔内重复出现相似的模式。这有助于分析师识别企业运营中的季节性波动或市场周期。最后，时间序列数据还可能受到随机因素的影响，产生噪声或异常值，需要通过适当的方法进行处理。

（三）Python 在处理时间序列数据中的应用

Python 在处理时间序列数据方面展现出了强大的能力，这主要得益于其丰富的数据处理库和强大的编程灵活性。Pandas 库是 Python 中处理时间序列数据的核心工具之一，它提供了 DateTimeIndex 和 PeriodIndex 等时间序列索引功能，方便用户按照时间顺序对数据进行排序、切片和聚合等操作。此外，Pandas 还支持与 NumPy 等库的无缝集成，使得用户可以在处理时间序列数据的同时进行复杂的数学运算和统计分析。

对于需要更高级时间序列分析功能的用户，Python 还提供了 statsmodels、seaborn 等库。这些库提供了时间序列的建模、预测、可视化等功能，能够帮助用户深入挖掘时间序列数据中的规律和趋势。例如，通过 ARIMA、SARIMA 等时间序列模型，用户可以对企业的未来财务状况进行预测；通过可视化工具，用户可以将复杂的时间序列数据以直观的方式呈现出来，便于理解和沟通。

（四）时间序列数据在财务数据分析与优化中的价值

时间序列数据在财务数据分析与优化中扮演着至关重要的角色。通过对时间序列数据的深入分析，企业可以更加准确地把握自身的财务状况和市场环境的变化趋势。例如，通过分析企业的历史财务数据和市场数据，企业可以识别出季节性波动和周期性规律，从而制定更加合理的财务计划和市场策略。此外，时间序列数据还可以用于风险管理和预测分析等领域，帮助企业及时发现潜在的风险和机遇，做出更加明智的决策。因此，在财务数据分析的实践中，充分利用 Python 等工具处理和分析时间序列数据对于提高企业的财务管理水平和市场竞争力具有重要意义。

二、时间序列数据的索引与重采样

在财务数据分析的实践中，时间序列数据的索引与重采样是数据处理与分析过程中不可或缺的重要环节。Python 凭借其强大的数据处理库 Pandas，为时间序列数据的索引设置、数据检索以及时间频率的调整提供了高效且灵活的工具。

（一）时间序列数据的索引：精准定位与高效检索

时间序列数据的索引是连接数据与其对应时间点的桥梁，它决定了数据如何按照时间顺序被组织和管理。在 Pandas 中，时间序列数据通常使用 DateTimeIndex 作为索引，该索引不仅包含了时间信息，还支持丰富的日期和时间操作。通过设置合适的索引，用户可以轻松地按照时间维度进行数据检索、切片和聚合，从而实现精准的数据定位和分析。

对于财务数据分析而言，时间序列数据的索引尤为重要。通过索引，分析师可以快速访问特定时间段内的财务数据，如月度收入、季度利润等，进而进行更深入的分析和比较。此外，索引还使得数据排序和筛选变得更加简单高效，有助于分析师在海量数据中迅速找到所需信息。

（二）时间序列数据的重采样：灵活调整时间频率

在财务数据分析中，原始数据的时间频率可能并不完全符合分析需求。例如，原始数据可能以日为单位记录，但分析师可能更关心月度或季度的变化趋势。此时，时间序列数据的重采样就显得尤为重要。重采样是指将数据从原始的时间频率转换为新的时间频率的过程，同时可以根据需要对数据进行聚合或插值处理。

Pandas 提供了强大的重采样功能，允许用户根据需要对时间序列数据进行上采样（增加时间频率）或下采样（减少时间频率）。在上采样过程中，用户可以选择填充方法（如向前填充、向后填充、线性插值等）来填充新增时间点上的数据；在下采样过程中，用户则可以通过聚合函数（如求和、平均值、最大值等）来汇总原始数据。通过重采样，用户可以灵活调整数据的时间频率，以满足不同分析场景的需求。

（三）索引与重采样在财务数据分析与优化中的价值

时间序列数据的索引与重采样在财务数据分析与优化中发挥着重要作用。首先，它们提高了数据处理的效率和准确性。通过索引设置和重采样操作，分析师可以快速地定位所需数据并进行必要的转换和处理，从而节省了大量时间和精力。其次，它们增强了数据分析的灵活性和深度。通过调整数据的时间频率和聚合方式，分析师可以从不同角度和层面观察数据的变化趋势和规律，进而挖掘出更多有价值的信息和洞察。最后，它们为决策制定提供了有力支持。基于经过精心处理的时间序列数据，企业可以更加准确地评估自身的财务状况和市场环境，从而制定出更加科学合理的财务计划和市场策略。

时间序列数据的索引与重采样是 Python 在财务数据分析与优化中不可或缺的一部分。通过充分利用 Pandas 等库的功能和特性，分析师可以高效地处理和分析时间序列数据，为企业的发展提供有力的数据支持。

三、时间序列数据的趋势分析与预测

在财务数据分析的广阔领域里，时间序列数据的趋势分析与预测是洞察企业未来财务状况、指导决策制定的关键环节。Python 凭借其强大的数据处理能力、丰富的算法库以及灵活的编程环境，为时间序列数据的趋势分析与预测提供了强有力的支持。

（一）趋势分析：揭示数据背后的规律

趋势分析是时间序列数据分析的基础，它旨在通过统计方法和可视化技术，揭示数据随时间变化的规律和特征。在财务数据分析中，趋势分析可以帮助企业识别收入、成本、利润等关键财务指标的长期变化趋势，进而评估企业的成长潜力和稳定性。Python 中的 Pandas 库提供了丰富的数据处理功能，如时间序列的排序、切片、差分等，为趋势分析提供了便捷的工具。同时，Matplotlib 和 Seaborn 等可视化库则能够将复杂的数据变化趋势以直观的图表形式展现出来，帮助分析师快速捕捉数据背后的规律。

（二）季节性分析：捕捉周期性波动

许多财务时间序列数据都呈现出明显的季节性特征，即数据在特定时间段内会重复出现相似的波动模式。季节性分析旨在识别并量化这种周期性波动，以便更准确地预测未来的财务表现。Python 中的 statsmodels 库提供了季节性分解（如 STL 分解）等高级工具，能够帮助分析师将时间序列数据分解为趋势项、季节性项和残差项，从而清晰地展现季节性波动的影响。通过对季节性波动的深入理解，企业可以制定更具针对性的市场策略和财务计划，以应对季节性变化带来的挑战和机遇。

（三）预测模型构建：预测未来的财务表现

预测是时间序列数据分析的核心目标之一。在财务数据分析中，预测模型能够基于历史数据预测未来的收入、支出、利润等财务指标，为企业的战略规划和决策制定提供重要参考。Python 中的机器学习库（如 scikit-learn）和时间序列分析库（如 statsmodels、Prophet 等）提供了多种预测算法和模型，如 ARIMA、SARIMA、LSTM 等，适用于不同类型的时间序列数据和预测需求。通过选择合适的预测模型和参数调整，分析师可以构建出高精度的预测模型，为企业的未来财务表现提供可靠的预测结果。

（四）预测结果评估与优化：提升预测准确性

预测结果的准确性和可靠性对于企业的决策制定至关重要。因此，在构建完预测模型后，还需要对预测结果进行全面的评估和优化。Python 提供了多种评估指标（如均方误差、平均绝对误差等）和可视化工具（如混淆矩阵、ROC 曲线等），帮助分析师评估预测模型的性能。同时，通过交叉验证、网格搜索等优化技术，分析师可以进一步调整模型参数和结构，提升预测模型的准确性和泛化能力。此外，持续监控预测结果并与实际数据进行对比验证也是优化预测模型的重要手段之一。通过不断的评估和优化过程，分析师可以不断提升预测模型的性能水平，为企业的财务决策提供更加准确和可靠的依据。

四、季节性分解与异常检测在时间序列分析中的应用

在财务数据分析的深入探索中，季节性分解与异常检测作为时间序列分析的两大关键工具，对于揭示数据周期性特征、识别潜在风险具有重要意义。Python 凭借其强大的数据处理和算法库，为这两项技术提供了高效且灵活的实现方式。

（一）季节性分解：洞悉周期性波动的本质

季节性分解是将时间序列数据中的季节性成分、趋势成分和随机成分分离出来的过程。这一过程有助于分析师深入理解数据背后的周期性波动规律，为后续的预测和决策提供支持。在财务数据分析中，季节性分解尤为重要，因为许多财务指标（如销售额、库存量等）都受到季节性因素的影响。Python 中的 statsmodels 库提供了多种季节性分解方法，如 STL（季节性和趋势分解使用

Loess）和 X-12-ARIMA 等。通过这些方法，分析师可以准确地将季节性波动从数据中剥离出来，进而分析趋势变化和随机扰动的影响。

（二）季节性调整：优化财务数据的可比性

季节性调整是季节性分解的进一步应用，旨在消除季节性波动对数据比较和分析的干扰，提高数据的可比性和准确性。在财务数据分析中，季节性调整对于跨期比较和趋势分析尤为重要。通过季节性调整，分析师可以构建一个不受季节性影响的基础序列，从而更清晰地观察财务数据的长期变化趋势。Python 中的 Pandas 和 statsmodels 库提供了丰富的工具，帮助分析师实现季节性调整的过程，确保分析结果的准确性和可靠性。

（三）异常检测：及时识别潜在风险

异常检测是时间序列分析中的另一项重要任务，它旨在识别出数据中的异常值或异常模式，这些异常往往预示着潜在的风险或变化。在财务数据分析中，异常检测对于及时发现财务舞弊、市场异常波动等风险事件具有重要意义。Python 中的多种算法和库可以用于异常检测，包括基于统计的方法（如 Z-score、IQR 等）、基于距离的方法（如 K-means、DBSCAN 等）以及基于机器学习的方法（如孤立森林、LSTM 等）。通过分析这些异常值或异常模式，分析师可以迅速定位问题所在，为企业的风险管理提供有力支持。

（四）季节性分解与异常检测的融合应用：提升分析深度与精度

季节性分解与异常检测在时间序列分析中并非孤立的技术，它们之间存在着密切的联系和互补性。通过将季节性分解与异常检测相结合，分析师可以在更精细的层面上理解数据的变化规律，并更准确地识别出潜在的异常和风险。例如，在季节性分解的基础上，分析师可以针对季节性成分和趋势成分分别进行异常检测，以区分由季节性波动引起的正常变异和真正的异常事件。这种融合应用不仅提升了分析的深度和精度，还为企业的决策制定提供了更加全面和可靠的依据。

季节性分解与异常检测在时间序列分析中的应用为财务数据分析与优化带来了深远的影响。通过深入理解数据的周期性波动规律和潜在风险，企业可以更加准确地把握市场动态和自身经营状况，为未来的战略规划和决策提供有力支持。Python 作为强大的数据处理和分析工具，为这两项技术的应用提供了广阔的平台和丰富的资源。

第三章 财务报表分析

第一节 利润表分析

一、收入结构与增长趋势分析

在财务数据分析的广袤领域中，收入结构与增长趋势分析占据着举足轻重的地位。它不仅是评估企业经营状况、制定市场策略的关键依据，也是优化资源配置、提升盈利能力的有效途径。Python 凭借其强大的数据处理能力、丰富的可视化工具以及灵活的编程环境，为收入结构与增长趋势分析提供了强有力的支持。

（一）多维度收入结构剖析

收入结构分析旨在揭示企业收入来源的多样性和集中度，帮助企业理解不同业务线或产品线对总收入的贡献情况。Python 通过 Pandas 等库，可以轻松处理大规模财务数据，实现收入的多维度细分。分析师可以根据产品类型、地区分布、销售渠道等多个维度对收入进行拆解，生成详细的收入结构报告。这些报告不仅展示了各维度下的收入规模，还通过比例分析揭示了收入构成的差异和变化。通过多维度收入结构的剖析，企业能够清晰地识别出优势业务和潜在增长点，为战略调整提供数据支持。

（二）收入增长趋势追踪

收入增长趋势分析是评估企业成长潜力和市场竞争力的重要手段。Python 通过时间序列分析技术，可以追踪和预测企业收入的长期变化趋势。分析师可以利用 Pandas 库中的时间序列数据处理功能,对历史收入数据进行排序、筛选和聚合,生成收入时间序列图。通过观察收入曲线的变化趋势,分析师可以识别出收入增长的周期性、波动性和稳定性等特征。同时,结合季节性分解和趋势外推等预测方法,Python 还能帮助企业预测未来一段时间内的收入变化,为财务规划和资源配置提供依据。

(三)收入增长驱动因素分析

收入增长并非孤立的现象,而是多种因素共同作用的结果。Python 通过数据分析和统计建模技术,可以深入挖掘收入增长背后的驱动因素。分析师可以利用相关性分析、回归分析等统计方法,探究市场需求、产品价格、成本控制、销售渠道等因素与收入增长之间的关系。通过构建数学模型和进行假设检验,分析师可以量化各因素对收入增长的贡献度,识别出主要驱动因素和潜在制约因素。这些信息对于企业制定针对性的市场策略和内部管理措施具有重要意义。

(四)收入增长策略优化

基于收入结构与增长趋势的分析结果,企业可以制定和优化收入增长策略。Python 通过数据可视化和模拟分析技术,为策略制定和优化提供了直观的工具和平台。分析师可以利用 Matplotlib、Seaborn 等可视化库,将分析结果以图表、热力图等形式展现出来,帮助决策者直观地理解收入结构和增长趋势。同时,通过模拟不同策略下的收入增长情况,分析师可以评估策略的可行性和效果,为企业的战略决策提供数据支持。在收入增长策略的优化过程中,Python 不仅提高了分析的效率和准确性,还为企业的可持续发展注入了新的活力。

二、成本构成与成本控制策略

在企业的财务运营中,成本构成与成本控制策略是确保盈利能力和竞争力的关键环节。Python 以其强大的数据处理能力、深入的数据分析能力以及灵活的编程环境,为成本构成的分析与成本控制策略的制定提供了强有力的支持。

（一）全面解析成本构成

成本构成分析是企业理解其运营成本结构、识别成本驱动因素的第一步。Python 通过 Pandas 等数据处理库，能够轻松处理大规模的财务数据，实现成本的详细分类和归集。企业可以将成本按照直接材料、直接人工、制造费用、销售费用、管理费用等多个维度进行划分，并通过 Python 生成详尽的成本构成报告。这些报告不仅展示了各项成本的金额和比例，还揭示了成本随时间的变化趋势，为后续的成本控制策略制定提供了坚实的基础。

（二）深入挖掘成本动因

成本控制不仅仅是简单地削减开支，更重要的是要理解成本产生的根源，即成本动因。Python 通过数据分析和统计建模技术，可以帮助企业深入挖掘成本动因。例如，企业可以利用相关性分析识别哪些因素与成本变动高度相关，或者通过回归分析建立成本预测模型，预测未来成本的变化趋势。这些分析不仅有助于企业理解成本构成背后的逻辑，还为制定针对性的成本控制措施提供了依据。

（三）优化成本分配与核算

合理的成本分配与核算对于准确反映企业各业务单元或产品的盈利能力至关重要。Python 通过自动化和精确的数据处理能力，可以优化成本分配与核算的流程。企业可以设定自定义的成本分配规则，利用 Python 进行批量处理，确保成本在不同部门、产品或项目之间的准确分摊。同时，Python 还可以支持复杂的成本核算方法，如作业成本法（ABC）等，提高成本核算的精度和效率。

（四）制定精准的成本控制策略

基于成本构成和动因的分析结果，企业可以制定精准的成本控制策略。Python 通过数据可视化和模拟分析技术，为策略制定提供了直观的工具和平台。企业可以利用 Python 生成成本分布图、趋势图等可视化图表，帮助决策者直观地理解成本结构和变化趋势。同时，通过模拟不同成本控制策略下的成本降低效果，企业可以评估策略的可行性和效果，为最终决策提供依据。这些精准的成本控制策略有助于企业在保证产品和服务质量的前提下，有效降低运营成本，提升盈利能力。

（五）持续监控与动态调整

成本控制是一个持续的过程，需要企业不断监控成本的变化情况，并根据实际情况动态调整控制策略。Python 通过自动化的数据处理和分析能力，可以实现成本的实时监控和预警。企业可以设定成本预算和警戒线，利用 Python 进行实时监控，一旦发现成本超出预算或接近警戒线，便立即触发预警机制，提醒管理者关注并采取相应措施。此外，Python 还可以定期生成成本分析报告，帮助管理者了解成本控制的效果和存在的问题，为后续的调整和优化提供指导。通过持续监控与动态调整，企业可以确保成本控制策略的有效性和适应性，为企业的长期发展奠定坚实的基础。

三、利润指标计算与解读

在企业的财务数据分析中，利润指标的计算与解读是评估企业盈利能力、衡量经营绩效的核心环节。Python 以其高效的数据处理能力、精准的计算能力以及强大的可视化工具，为利润指标的计算与深入解读提供了强有力的支持。

（一）自动化利润指标计算

利润指标的计算涉及多个财务数据项，如营业收入、营业成本、税金及附加、销售费用、管理费用、财务费用等。Python 通过自动化脚本编写，可以实现利润指标计算的自动化处理。利用 Pandas 等数据处理库，Python 能够轻松读取财务数据源，进行必要的数据清洗和转换，然后按照会计准则和利润表编制要求，自动计算出净利润、毛利率、营业利润率、净利率等关键利润指标。这一过程不仅提高了计算效率，还减少了人为错误，确保了数据的准确性和一致性。

（二）利润指标时间序列分析

为了更全面地了解企业盈利能力的变化趋势，需要对利润指标进行时间序列分析。Python 通过时间序列分析技术，可以追踪利润指标的历史数据，分析其变化趋势、周期性波动以及异常值等情况。利用 Pandas 中的时间序列功能，可以方便地生成利润指标的时间序列图，展示其随时间的演变过程。同时，通过季节性分解、趋势预测等方法，Python 还可以进一步揭示利润指标背后的周期性规律和未来变化趋势，为企业的战略规划和财务决策提供参考。

（三）多维度利润指标解读

利润指标的解读需要从多个维度进行，包括时间维度、业务维度、产品维度等。Python 通过数据分析和可视化技术，可以实现利润指标的多维度解读。例如，企业可以利用 Python 将利润指标按照不同年份、季度或月份进行分解，分析盈利能力的季节性变化；也可以将利润指标按照不同业务部门、产品线或地区进行划分，评估各业务单元或产品的盈利贡献情况。通过多维度的利润指标解读，企业可以更全面地了解自身的盈利结构、优势与劣势，为优化资源配置、提升盈利能力提供有力支持。

（四）利润驱动因素分析

利润的产生受多种因素影响，包括市场需求、成本控制、运营效率、产品质量等。Python 通过数据分析和统计建模技术，可以深入挖掘利润背后的驱动因素。例如，企业可以利用相关性分析识别哪些因素与利润变动高度相关；或者通过回归分析建立利润预测模型，探究各因素对利润的贡献程度。这些分析不仅有助于企业理解利润增长的源泉和限制因素，还为制定针对性的利润提升策略提供了依据。通过 Python 的精准分析，企业可以更加科学地制定市场策略、优化成本控制、提升运营效率等，以实现利润的最大化。

（五）利润优化策略制定与评估

基于利润指标的计算与解读结果，企业可以制定利润优化策略，并通过 Python 进行策略效果的评估。Python 通过数据模拟和预测分析技术，可以模拟不同策略下的利润变化情况，评估策略的可行性和效果。企业可以设定多种利润优化方案，如提高产品售价、降低生产成本、优化销售渠道等，并利用 Python 进行模拟分析，比较各方案对企业利润的影响。通过策略效果的评估与比较，企业可以选择最优的利润优化策略，以实现利润的持续增长和企业的长期发展。同时，Python 还可以定期监控和评估策略的实施效果，确保策略的有效性和适应性。

四、利润表项目间关系与影响分析

利润表作为企业财务报告的重要组成部分，其各项目之间存在着紧密的联系与相互影响。深入理解这些关系与影响，对于评估企业财务状况、预测未来趋势以及制定有效的财务策略至关重要。Python 凭借其强大的数据处理与分析能力，为利润表项目间关系与影响分析提供了强有力的支持。

（一）项目间直接关系的量化分析

利润表中的各项目之间存在着直接的勾稽关系，如营业收入减去营业成本等于营业毛利，再减去期间费用等得到营业利润等。Python 通过自动化的数据处理与计算能力，可以精确量化这些直接关系，确保分析的准确性。利用 Pandas 等数据处理库，Python 可以快速读取利润表数据，执行必要的数学运算，验证各项目间的平衡关系。这一过程不仅提高了分析效率，还减少了人为错误，为后续的深入分析奠定了坚实的基础。

（二）项目间间接关系的深度挖掘

除了直接的勾稽关系外，利润表中的各项目之间还存在着复杂的间接关系。这些关系可能涉及多个项目之间的相互作用与影响，如毛利率的变化可能受到原材料价格、生产效率、市场竞争等多种因素的影响。Python 通过数据分析和统计建模技术，可以深入挖掘这些间接关系，揭示其背后的经济逻辑和因果关系。例如，企业可以利用 Python 进行相关性分析，识别哪些项目之间存在显著的相关性；或者通过回归分析，建立项目间的预测模型，预测一个项目的变化对其他项目可能产生的影响。这些分析有助于企业更全面地理解利润表各项目之间的关系，为制定科学的财务策略提供依据。

（三）项目变动对整体利润的影响评估

在利润表分析中，评估单个项目变动对整体利润的影响是一个重要环节。Python 通过数据模拟和敏感性分析技术，可以模拟不同项目变动情景下的利润变化情况，评估其对整体利润的影响程度。企业可以设定不同的项目变动幅度，利用 Python 进行模拟计算，观察整体利润的变化趋势和敏感性。这种分析有助于企业识别关键利润驱动因素，了解各因素对整体利润的贡献度和敏感性，为制定针对性的优化策略提供数据支持。

（四）利润表结构优化建议与实现

基于利润表项目间关系与影响的分析结果，企业可以制定利润表结构优化的策略，并通过 Python 进行策略效果的预测与评估。Python 通过数据可视化技术，可以将分析结果以图表、热力图等形式展现出来，帮助企业直观地理解利润表结构存在的问题和优化方向。同时，Python 还可以支持复杂的优化算法和模拟分析，为企业提供多种优化方案，并预测各方案对利润表结构的改善效果。企业可以根据自身实际情况和战略目标，选择最优的优化方案，并通过 Python 进行实施与监控。通过不断优化利润表结构，企业可以提升盈利能力、降低财务风险、增强市场竞争力。

第二节 资产负债表分析

一、资产结构与质量分析

在企业的财务健康评估中，资产结构与质量分析扮演着至关重要的角色。它不仅揭示了企业资源配置的效率与合理性，还为企业决策提供了关键性的财务信息。Python 以其卓越的数据处理、分析以及可视化能力，为企业资产结构与质量分析开辟了新的路径。

（一）资产结构的全面剖析

资产结构，即企业各项资产之间的比例关系，直接反映了企业的资源配置状况和经营策略。Python 通过自动化数据处理技术，能够快速整合企业财务报表中的资产数据，包括流动资产、非流动资产、长期投资、无形资产等，生成详尽的资产结构报告。这些报告不仅展示了各类资产的绝对数额，还通过比例分析，揭示了资产结构的内在特征，如流动性、风险水平及资本密集度等。借助 Python 的数据可视化功能，企业可以直观地看到资产结构的分布情况，为进一步优化资源配置提供直观的参考。

（二）资产质量的深度评估

资产质量是衡量企业资产运营效率、盈利能力和抗风险能力的重要指标。Python 通过数据分析与建模技术，可以对企业资产质量进行深度评估。一方面，Python 可以计算并分析资产的周转率、收益率等运营效率指标，评估资产的流动性与盈利能力；另一方面，通过对比行业平均水平、历史数据或竞争对手数据，Python 能够揭示企业资产质量的相对优劣势。此外，Python 还可以利用机器学习等先进技术，对资产质量进行预测性分析，帮助企业提前识别潜在的风险因素，制定应对策略。

（三）资产结构优化策略的制定与实施

基于资产结构与质量的分析结果，企业需要制定相应的优化策略，以提升资产运营效率、降低风险并增强盈利能力。Python 在这一环节同样发挥着重要作用。首先，Python 可以通过模拟分析技术，预测不同优化策略对企业资产结构与质量的影响，为企业选择最优策略提供科学依据。其次，Python 可以协助企业制订详细的实施计划，包括资产重组、投资调整、负债结构优化等具体措施，并跟踪实施效果，确保优化策略的有效落地。最后，Python 还可以持续监控企业的资产结构与质量变化情况，及时发现并应对潜在的风险与挑战，确保企业的财务健康与可持续发展。

Python 在资产结构与质量分析中的应用极大地提升了企业财务数据分析的效率和精度，为企业决策提供了强有力的支持。通过全面剖析资产结构、深度评估资产质量以及制定与实施优化策略，企业可以更好地把握自身的财务健康状况，优化资源配置，提升竞争力。

二、负债水平与结构评估

负债水平与结构评估是企业财务管理中的关键环节，它直接关系到企业的偿债能力、融资成本及财务风险。Python 作为强大的数据分析工具，在负债水平与结构评估中展现出独特的优势，为企业提供了更为精准、高效的决策支持。

（一）负债水平的量化分析

负债水平，即企业负债总额与资产总额的比例，是衡量企业偿债能力的重要指标。Python 通过自动化数据处理技术，能够迅速从财务报表中提取负债相关数据，包括短期借款、长期借款、应付账款、递延所得税负债等，并计算出负债总额及负债率。在此基础上，Python 还能进一步分析负债率的变动趋势，与行业标准、历史数据或竞争对手进行对比，评估企业负债水平的合理性与风险性。这种量化分析不仅提高了数据的准确性和时效性，还为企业制定融资策略、控制负债规模提供了科学依据。

（二）负债结构的细致剖析

负债结构，即企业不同类型负债之间的比例关系，反映了企业的融资策略与财务风险偏好。Python通过数据分析技术，能够详细剖析企业的负债结构，包括短期负债与长期负债的比例、有息负债与无息负债的比例、银行借款与债券融资的比例等。这些分析有助于企业了解自身融资渠道的多样性、融资成本的高低以及偿债压力的分布情况。同时，Python还能通过趋势分析、相关性分析等方法，揭示负债结构变化对企业经营绩效和财务风险的影响，为企业优化负债结构提供有力支持。

（三）偿债能力的综合评估

偿债能力是企业能否按时足额偿还债务的关键能力。Python通过构建偿债能力评估模型，能够综合考虑企业的盈利能力、营运能力、现金流量状况等多个方面因素，对企业的偿债能力进行全面评估。这些模型可能包括流动比率、速动比率、现金比率、利息保障倍数等财务指标的计算与分析，以及基于这些指标的综合评分体系。Python的自动化计算能力使得这些评估过程更加高效、准确，有助于企业及时发现潜在的偿债风险并采取相应的应对措施。

（四）负债优化策略的制定与实施

基于负债水平与结构的评估结果，企业需要制定相应的负债优化策略以降低融资成本、控制财务风险并提升偿债能力。Python在这一环节同样发挥着重要作用。首先，Python可以通过模拟分析技术预测不同负债优化策略对企业财务状况的影响，包括融资成本的变化、偿债压力的缓解程度以及对企业经营绩效的潜在影响等。这有助于企业选择最优的负债优化策略。其次，Python可以协助企业制订详细的实施计划，包括融资渠道的调整、负债期限结构的优化以及偿债计划的制订等，并跟踪实施效果确保优化策略的有效落地。最后，Python 还可以持续监控企业的负债水平与结构变化情况，及时发现并应对潜在的风险与挑战，确保企业的财务安全与稳健发展。

三、所有者权益变动分析

所有者权益变动分析是理解企业财务稳健性、投资者权益保障及资本结构优化的重要窗口。Python 凭借其强大的数据处理与分析能力，为所有者权益变动分析提供了前所未有的深度与广度。

（一）所有者权益构成与变动的精准解析

所有者权益，作为企业资产扣除负债后的剩余权益，其构成与变动直接反映了企业资本结构的稳定性与成长性。Python 通过自动化提取财务报表中的所有者权益相关数据，如股本、资本公积、盈余公积、未分配利润等，能够精准解析所有者权益的构成比例及其变动趋势。这种解析不仅有助于企业了解自身资本实力的变化，还能通过对比行业平均水平或历史数据，评估所有者权益变动的合理性与健康性。

（二）股东权益回报率的深度剖析

股东权益回报率（ROE）是衡量企业盈利能力与股东投资回报的关键指标。Python 通过计算与分析 ROE 及其分解项（如净利率、总资产周转率、权益乘数），能够深度剖析企业盈利能力的来源与驱动因素。同时，Python 还能将 ROE 与行业标杆、竞争对手或历史数据进行对比，评估企业在行业中的竞争力与成长潜力。这种深度剖析有助于企业识别提升 ROE 的关键因素，制定有效的股东回报策略。

（三）资本结构优化策略的模拟与评估

资本结构优化是企业财务管理的重要目标之一，旨在通过调整负债与所有者权益的比例，实现融资成本最低化、财务风险可控化及股东价值最大化。Python 通过构建资本结构优化模型，能够模拟不同资本结构下企业的融资成本、财务风险及股东回报情况。这些模拟结果不仅为企业提供了多种资本结构优化方案的选择空间，还通过量化分析评估了各方案的优劣与可行性。企业可根据自身实际情况与战略目标选择最合适的优化方案，并通过 Python 进行实施效果的跟踪与评估。

（四）投资者关系管理与信息披露的智能化

所有者权益变动分析不仅服务于企业内部管理决策，还直接关系到投资者的利益与信心。Python 通过智能化处理与分析所有者权益相关数据，能够为企业提供更加透明、准确的信息披露材料。同时，Python 还能协助企业建立投资者关系管理系统，实现与投资者的实时沟通与反馈。通过数据分析与挖掘，Python 能够识别投资者的关注点与需求，为企业提供定制化的投资者服务方案，增强投资者信心与忠诚度。此外，Python 还能帮助企业监控市场动态与投资者情绪，为制定更加精准的市场策略提供有力支持。

综上所述，Python 在所有者权益变动分析中的应用，为企业提供了全面、深入、智能化的财务数据分析与优化工具。通过精准解析所有者权益构成与变动、深度剖析股东权益回报率、模拟评估资本结构优化策略以及智能化管理投资者关系与信息披，露企业能够更好地理解自身财务状况，制定科学的财务策略，提升资本运营效率与股东价值。

四、资产负债表整体健康状况评价

资产负债表作为企业财务状况的重要反映，其整体健康状况直接关系到企业的持续经营能力与市场竞争力。Python 以其强大的数据处理、分析与可视化能力，为资产负债表整体健康状况评价提供了全面而深入的视角。

（一）资产负债表结构的合理性评估

资产负债表的结构合理性是衡量企业财务稳健性的基础。Python 通过自动化提取并整理资产负债表中的各项数据，能够快速生成资产、负债与所有者权益的比例分布图。这些图表不仅直观展示了企业资源的配置情况，还便于企业对比行业标准或历史数据，评估自身资产负债表结构的合理性。Python 的数据分析能力还能进一步揭示各科目之间的内在联系与变化趋势，为优化资产负债表结构提供数据支持。

（二）财务杠杆效应与风险水平的量化分析

财务杠杆效应与风险水平是评价资产负债表健康状况的关键指标。Python 通过计算并分析资产负债率、产权比率、权益乘数等财务指标，能够量化评估企业的财务杠杆效应与风险水平。这些分析不仅有助于企业了解自身的偿债能力、融资效率及财务风险承受能力，还能通过对比行业平均水平或竞争对手数据，评估企业在行业中的风险位置与竞争优势。Python 的预测模型还能根据历史数据与市场趋势，预测未来财务杠杆效应与风险水平的变化趋势，为企业制定风险应对策略提供参考。

（三）流动性与营运能力的综合考量

流动性与营运能力是评价企业短期偿债能力与运营效率的重要指标。Python 通过计算并分析流动比率、速动比率、应收账款周转率、存货周转率等财务指标，能够全面评估企业的流动性与营运能力。这些分析不仅揭示了企业资产变现的速度与效率，还反映了企业管理层对资产运用的能力与水平。Python 的数据可视化功能还能将流动性与营运能力的评估结果以图表形式直观展示，便于企业管理层与投资者快速了解企业的财务状况与经营绩效。

（四）盈利质量与成长潜力的深度挖掘

盈利质量与成长潜力是评价企业长期发展前景的关键因素。Python 通过构建盈利质量分析模型与成长潜力预测模型，能够深入挖掘企业盈利的可持续性与未来发展的潜力。这些模型可能包括净利润现金含量、经营活动净现金流与净利润的比率、净资产收益率的增长率等财务指标的计算与分析。Python 的机器学习算法还能根据历史数据与市场趋势预测企业未来的盈利水平与成长速度，为企业制定战略规划与投资决策提供科学依据。

（五）基于数据驱动的财务策略优化建议

基于上述各方面的分析与评价，Python 能够为企业提供数据驱动的财务策略优化建议。这些建议可能包括调整资产负债结构以降低融资成本与风险水平、优化现金流管理以提升流动性与偿债能力、加强成本控制与费用管理以提升盈利质量、加大研发投入与市场拓展力度以提升成长潜力等。Python 的自动化报告生成功能还能将这些优化建议整理成详细的财务分析报告供企业管理层参考。通过这些优化建议的实施，企业能够不断提升自身的财务健康状况与市场竞争力，以实现可持续发展。

第三节 现金流量表分析

一、经营活动现金流量分析

经营活动现金流量是企业财务健康状况的核心指标之一，它直接反映了企业日常运营活动中现金的流入与流出情况。Python 凭借其强大的数据处理与分析能力，为经营活动现金流量的深度分析提供了有力的工具。

（一）经营活动现金流量的规模与稳定性评估

经营活动现金流量的规模与稳定性是衡量企业自我造血能力的重要指标。Python 通过自动化提取企业财务报表中的经营活动现金流量数据，能够迅速计算出各个会计期间的经营活动现金流入量、流出量及净流量。进而，Python 可以通过时间序列分析等方法，评估经营活动现金流量的历史变化趋势，判断其是否呈现稳定增长或波动较大的特征。此外，Python 还能将经营活动现金流量与行业平均水平或竞争对手数据进行对比，评估企业在行业中的现金流量规模与稳定性水平。这种评估有助于企业了解自身经营活动的现金生成能力，为制定融资、投资及分红等财务决策提供依据。

（二）经营活动现金流量质量的深度剖析

经营活动现金流量的质量不仅体现在其规模与稳定性上，更在于其来源的可靠性与持续性。Python 通过构建现金流量质量分析模型，能够深入剖析经营活动现金流量的具体构成，如销售商品、提供劳务收到的现金、收到的税费返还、购买商品、接受劳务支付的现金等。这些分析有助于企业识别经营活动现金流量中的主要流入与流出项目，评估其对企业整体现金流量的贡献程度与稳定性。同时，Python 还能结合企业的盈利情况与营运效率，评估经营活动现金流量与净利润、营业收入等关键财务指标之间的关联性，判断企业盈利质量的高低与现金流量的真实性。

（三）经营活动现金流量预测与优化建议

基于历史数据与市场趋势的预测是制定财务策略的重要前提。Python 通过运用机器学习等先进算法，能够根据企业过去几年的经营活动现金流量数据及其他相关财务指标，构建预测模型对未来几年的经营活动现金流量进行预测。这些预测结果不仅有助于企业提前规划资金运作、控制财务风险，还能为投资者提供关于企业未来发展前景的参考信息。此外，Python 还能根据预测结果及当前财务状况提出优化建议，如加强应收账款管理以缩短收款周期、优化库存结构以降低存货占用资金等。这些建议旨在提高企业经营活动的现金流入量、降低流出量并提升整体现金流量质量，为企业的稳健发展提供有力支持。

Python 在经营活动现金流量分析中的应用涵盖了规模与稳定性评估、质量深度剖析以及预测与优化建议等多个方面。通过运用 Python 进行经营活动现金流量的全面分析，企业可以更加清晰地了解自身财务状况的优劣势与潜在风险，从而制定更加科学合理的财务策略与经营计划推动企业的持续健康发展。

二、投资活动现金流量解读

投资活动现金流量是企业财务数据中不可或缺的一部分，它反映了企业在资本性支出、长期资产购置、投资活动等方面的现金流动情况。Python 凭借其高效的数据处理与分析能力，为投资活动现金流量的深入解读提供了强大的技术支持。

（一）投资活动现金流量的规模与方向分析

投资活动现金流量的规模与方向是解读其对企业财务状况影响的首要步骤。Python 通过自动化提取财务报表中的投资活动现金流量数据，能够迅速计算出各个会计期间的投资活动现金流入量、流出量及净流量。通过对比分析不同会计期间的数据，Python 能够揭示企业投资活动的规模变化趋势以及资金的主要流向。例如，企业可能通过购买固定资产、无形资产或进行股权投资等方式增加长期资产，这些活动将导致投资活动现金流出；同时，企业也可能通过处置长期资产、收回投资等方式获得现金流入。Python 的图表展示功能能够直观展示这些变化，帮助企业理解投资活动的资金运作情况。

（二）投资活动现金流量与企业战略的关系探讨

投资活动现金流量往往与企业的发展战略密切相关。Python 通过关联分析等方法，能够探索投资活动现金流量与企业战略之间的关系。例如，企业若处于扩张期，可能会增加对固定资产、研发项目或新市场的投资，导致投资活动现金流出增加；而若企业采取收缩战略，则可能会减少投资活动或处置部分长期资产以回笼资金。Python 能够结合企业的战略规划、市场环境及竞争对手情况等因素，对投资活动现金流量的变化进行合理解释，并评估其对企业战略实施效果的影响。

（三）投资活动现金流量效率与效果的评估

评估投资活动现金流量的效率与效果是判断企业投资决策是否明智的关键。Python 通过构建投资效率与效果评估模型，能够对企业的投资活动进行量化分析。这些模型可能包括投资回报率（ROI）、投资回收期（Payback Period）、内部收益率（IRR）等财务指标的计算与分析。Python能够自动从财务数据中提取相关数据并计算这些指标，帮助企业评估投资项目的盈利能力、资金回收速度及整体效益。此外，Python还能将投资活动现金流量与企业的整体财务状况进行对比分析，评估投资活动对企业整体财务状况的改善程度。

（四）基于投资活动现金流量的财务策略优化建议

基于投资活动现金流量的深度解读与评估结果，Python能够为企业提供财务策略优化建议。这些建议可能包括调整投资结构以优化资源配置、加强投资项目的筛选与评估以提高投资效率、优化资金运作以降低融资成本等。Python的预测模型还能根据历史数据与市场趋势预测未来投资活动的现金流量情况，为企业制定长期财务规划提供数据支持。同时，Python还能结合企业的战略目标与市场环境等因素制定个性化的财务策略优化方案帮助企业实现可持续发展。

Python在投资活动现金流量解读中的应用涵盖了规模与方向分析、与企业战略的关系探讨、效率与效果的评估以及财务策略优化建议等多个方面。通过运用Python进行投资活动现金流量的全面解读与深入分析，企业可以更加准确地把握投资活动的方向与效果，为制定科学合理的财务策略与投资决策提供有力支持。

三、筹资活动现金流量评估

筹资活动现金流量作为企业财务循环的重要组成部分，直接反映了企业筹集资金的能力与策略。Python在财务数据分析中的应用，为筹资活动现金流量的精准评估提供了强大的技术支持。

（一）筹资活动现金流量的结构与来源分析

筹资活动现金流量的结构与来源是评估企业筹资策略与资金结构的关键。Python通过自动化处理财务数据，能够迅速提取筹资活动现金流量表中的各项数据，如吸收投资收到的现金、发行债券收到的现金、借款收到的现金等。通过对比分析不同筹资方式的现金流入量，Python能够揭示企业筹资活动的结构特征，如股权融资与债权融资的比例、内部融资与外部融资的平衡等。同时，Python 还能结合市场环境、融资成本及企业战略等因素，评估企业筹资策略的合理性与可持续性。

（二）筹资活动现金流量的变化趋势与稳定性评估

筹资活动现金流量的变化趋势与稳定性是衡量企业财务稳健性的重要指标。Python 通过时间序列分析等方法，能够追踪企业筹资活动现金流量的历史变化轨迹，识别其增长或下降的趋势，并评估其稳定性。例如，企业可能因扩大生产规模、进行战略投资或偿还债务等原因需要筹集大量资金，导致筹资活动现金流入增加；同时，企业也可能因市场环境变化、融资成本上升或内部资金充裕等原因减少筹资活动。Python 能够将这些变化以图表形式直观展示，帮助企业理解筹资活动现金流量的动态变化及其对企业财务状况的影响。

（三）筹资活动现金流量与企业财务状况的关联性分析

筹资活动现金流量与企业的整体财务状况密切相关。Python 通过构建关联性分析模型，能够探索筹资活动现金流量与资产负债表、利润表等其他财务报表之间的内在联系。例如，筹资活动现金流量可能直接影响企业的资本结构、偿债能力、盈利能力及成长潜力等财务指标。Python 能够自动从财务数据中提取相关数据并计算这些指标之间的相关系数或进行回归分析，揭示筹资活动现金流量对企业财务状况的具体影响。这种关联性分析有助于企业理解筹资活动在财务循环中的角色与作用，为制定科学合理的筹资策略提供依据。

（四）基于筹资活动现金流量的财务风险管理与优化建议

筹资活动现金流量评估的最终目的是帮助企业优化财务结构、降低财务风险并实现可持续发展。Python 通过综合运用数据分析与预测模型等技术手段，能够为企业提供基于筹资活动现金流量的财务风险管理与优化建议。这些建议可能包括优化筹资结构以平衡股权融资与债权融资的比例、降低融资成本以提高筹资效率、加强现金流管理以确保偿债能力等。Python 的预测模型还能根据历史数据与市场趋势预测未来筹资活动的现金流量情况，为企业制定长期财务规划提供数据支持。同时，Python 还能结合企业的战略目标、市场环境及竞争对手情况等因素，制定个性化的财务风险管理策略帮助企业实现稳健发展。

Python 在筹资活动现金流量评估中的应用涵盖了结构与来源分析、变化趋势与稳定性评估、与企业财务状况的关联性分析以及财务风险管理与优化建议等多个方面。通过运用 Python 进行筹资活动现金流量的全面评估与深入分析，企业可以更加清晰地了解自身筹资策略的效果与风险，为制定科学合理的财务策略与筹资决策提供有力支持。

四、现金流量表与利润表、资产负债表的联动分析

在财务数据分析的广阔领域中，现金流量表、利润表及资产负债表的联动分析占据着举足轻重的地位。这三张报表共同构成了企业财务状况的全面画像，而 Python 凭借其强大的数据处理与分析能力，为这一联动分析提供了前所未有的深度和精度。

（一）财务报表之间的内在联系与相互影响

现金流量表、利润表与资产负债表之间存在着紧密的内在联系与相互影响。Python 通过构建综合财务分析模型，能够深入剖析这些联系与影响，揭示企业财务状况的全貌。例如，利润表中的净利润反映了企业一定会计期间的经营成果，但这并不等同于企业实际收到的现金。Python 能够计算净利润与经营活动现金流量净额之间的差异（即"净利润现金含量"），评估企业盈利质量的高低。同时，资产负债表中的资产、负债及所有者权益的变动也会影响企业的现金流量状况。Python 能够追踪这些变动并分析其对现金流量的具体影响，帮助企业了解财务状况变动的根源。

（二）财务比率与指标的联动解读

财务比率与指标是评估企业财务状况与经营成果的重要工具。Python 能够自动化计算这些比率与指标，并实现跨报表的联动解读。例如，通过比较利润表中的毛利率与现金流量表中的销售商品、提供劳务收到的现金占营业收入的比例，Python 可以评估企业销售收入的现金回收能力；通过计算资产负债率与现金流量债务比等指标，Python 可以评估企业的偿债能力与财务风险。这种跨报表的联动解读有助于企业从多个维度全面了解自身的财务状况与经营绩效。

（三）企业财务状况的动态监控与预警

Python 在财务报表联动分析中的应用还体现在企业财务状况的动态监控与预警方面。通过构建实时监控系统与预警模型，Python 能够持续跟踪企业三张报表的变动情况，及时发现潜在的财务风险与经营问题。例如，当企业的经营活动现金流量净额持续低于净利润时，Python 可以发出盈利质量下降的预警信号；当企业的资产负债率接近或超过行业平均水平时，Python 可以提示企业关注偿债风险。这种动态监控与预警机制有助于企业及时采取措施应对风险与挑战，确保财务状况的稳定与可持续。

（四）基于财务报表联动分析的财务策略优化

Python 在财务报表联动分析中的应用旨在为企业提供财务策略优化的建议与方案。通过对三张报表的深入分析与综合评估，Python 能够揭示企业财务状况的优势与不足，为企业制定针对性的财务策略提供依据。例如，基于现金流量表与利润表的联动分析，Python 可以建议企业加强应收账款管理以提高经营活动现金流量净额；基于资产负债表与现金流量表的联动分析，Python 可以建议企业优化资本结构以降低财务风险。这些建议与方案旨在帮助企业实现财务资源的合理配置与高效利用，推动企业的长期稳健发展。

Python 在现金流量表与利润表、资产负债表的联动分析中发挥着不可替代的作用。通过深入挖掘三张报表之间的内在联系与相互影响、实现财务比率与指标的联动解读、构建动态监控与预警机制以及提供财务策略优化建议等措施，Python 为企业提供了全面、深入且精准的财务数据分析与优化服务。这不仅有助于企业全面了解自身的财务状况与经营绩效，更为企业制定科学合理的财务策略与经营决策提供了有力支持。

第四节　比率分析

一、偿债能力比率

在财务数据分析的广阔领域中，偿债能力比率是衡量企业短期及长期债务偿还能力的重要工具。其中，流动比率和速动比率作为短期偿债能力的关键指标，对于评估企业当前财务状况及潜在风险具有至关重要的作用。Python 凭借其强大的数据处理与分析能力，在偿债能力比率的计算、分析、监控与优化方面展现出独特的优势。

（一）偿债能力比率的自动化计算与实时监控

Python 通过编写脚本或利用现成的财务数据分析库，能够轻松实现偿债能力比率的自动化计算。无论是流动比率（流动资产除以流动负债）、速动比率（速动资产除以流动负债）还是其他相关比率，Python 都能在短时间内从复杂的财务报表数据中提取所需信息，并准确计算出各项指标的值。此外，Python 还能结合数据库技术，实现对企业偿债能力的实时监控。通过定期更新财务数据并重新计算比率，Python 能够帮助企业及时发现偿债能力的变化趋势，为管理层提供及时的决策支持。

（二）偿债能力比率的深度分析与对比

在计算出偿债能力比率后，Python 还能进一步进行深度分析与对比。这包括将当前比率与历史数据进行纵向对比，以评估企业偿债能力的变化趋势；同时，也可以将当前比率与行业平均水平或竞争对手进行对比，以了解企业在行业中的相对位置。Python 的图表展示功能能够直观呈现这些分析结果，帮助企业更好地理解自身的偿债状况，并发现潜在的风险与机遇。此外，Python 还能通过构建回归模型等统计方法，深入分析影响偿债能力比率的各种因素，为企业制定优化策略提供科学依据。

（三）基于偿债能力比率的财务风险评估

偿债能力比率不仅是衡量企业偿债能力的工具，也是评估企业财务风险的重要参考。Python 通过构建财务风险评估模型，能够综合考虑多个偿债能力比率及其他相关财务指标，全面评估企业的财务风险水平。这些模型可能包括基于机器学习的分类算法或基于统计学的评分系统，能够对企业进行风险评级或预测未来可能出现的财务困境。Python 的实时数据处理能力使得这种风险评估能够持续进行，为企业提供动态的财务风险管理支持。

（四）偿债能力优化策略的制定与实施

基于偿债能力比率的深入分析与财务风险评估结果，Python 还能为企业提供个性化的偿债能力优化策略。这些策略可能包括调整资产结构以增加流动性或速动性、优化债务结构以降低偿债压力、加强现金流管理等。Python 的模拟分析功能能够预测不同策略对企业偿债能力的潜在影响，帮助企业选择最优方案。同时，Python 还能通过自动化工具将优化策略转化为具体的行动计划，并监控其实施效果。这种闭环的优化过程能够确保企业持续改进其偿债能力，降低财务风险，实现稳健发展。

Python 在偿债能力比率分析中的应用涵盖了自动化计算与实时监控、深度分析与对比、财务风险评估以及优化策略的制定与实施等多个方面。通过充分利用 Python 的数据处理与分析能力，企业可以更加全面、深入地了解其偿债能力状况，及时发现潜在风险并制定有效的优化策略。这不仅有助于提升企业的财务稳健性，更为企业的长期发展奠定了坚实的基础。

二、盈利能力比率

在企业的财务分析中，盈利能力比率是衡量企业赚取利润能力的重要指标，直接反映了企业的经营效率和市场竞争力。净利率、毛利率等作为盈利能力比率的核心组成部分，对于评估企业的盈利状况及制定相应策略具有至关重要的作用。Python 作为强大的数据处理与分析工具，在盈利能力比率的计算、分析与优化方面展现出了独特的优势。

（一）盈利能力比率的精确计算与高效分析

Python 凭借其强大的数据处理能力，能够迅速从复杂的财务报表中提取出净利润、营业收入、销售成本等关键数据，并准确计算出净利率（净利润/营业收入）和毛利率[（营业收入–销售成本）/营业收入]等盈利能力比率。这一过程不仅高效且准确，而且极大地节省了财务人员的时间和精力。同时，Python 还提供了丰富的数据分析工具，如数据可视化库（如 Matplotlib、Seaborn 等），能够直观展示盈利能力比率的变化趋势和分布情况，帮助企业更好地理解其盈利状况。

（二）盈利能力比率的深度挖掘与多维度分析

除了基本的计算与分析外，Python 还能对盈利能力比率进行深度挖掘和多维度分析。例如，通过对比不同时间段的盈利能力比率，Python 可以揭示企业盈利能力的变化趋势；通过对比不同产品、不同市场区域的盈利能力比率，Python 可以评估企业各项业务的盈利能力和市场竞争力。此外，Python 还能结合其他财务指标（如总资产周转率、应收账款周转率等），构建综合盈利能力评价体系，全面评估企业的盈利能力和运营效率。这种多维度分析有助于企业更全面地了解其盈利状况，发现潜在的盈利增长点或问题区域，并制定相应的优化策略。

（三）基于盈利能力比率的策略制定与优化

Python 在盈利能力比率分析中的应用不仅限于数据的计算和展示，更重要的是能够为企业制定和优化盈利策略提供有力支持。通过分析盈利能力比率的变化趋势和影响因素，Python 可以帮助企业识别影响其盈利能力的关键因素，如成本控制、价格策略、市场份额等。在此基础上，Python 可以运用优化算法或模拟分析等方法，为企业提供个性化的盈利优化建议。例如，针对毛利率较低的产品或服务，Python 可以建议企业调整成本结构、优化生产流程或提高产品附加值；针对净利率波动较大的情况，Python 可以建议企业加强财务管理、控制费用支出或调整投资策略。这些建议旨在帮助企业提升盈利能力，增强市场竞争力，实现可持续发展。

（四）持续监控与预警系统

为了更全面地展现 Python 在盈利能力比率分析中的应用，此处补充一点关于持续监控与预警系统的内容。Python 能够结合数据库技术和自动化脚本，构建盈利能力比率的持续监控与预警系统。该系统能够实时或定期更新财务数据，并自动计算和分析盈利能力比率。当发现盈利能力比率出现异常波动或低于预设阈值时，系统将自动发出预警信号，提醒企业管理层关注并采取相应的应对措施。这种持续监控与预警机制有助于企业及时发现和解决盈利方面的问题，确保盈利能力的稳定性和可持续性。

Python 在盈利能力比率分析中的应用涵盖了精确计算与高效分析、深度挖掘与多维度分析、策略制定与优化以及持续监控与预警等多个方面。通过充分利用 Python 的数据处理与分析能力，企业可以更加全面、深入地了解其盈利状况，发现潜在的盈利增长点或问题区域，并制定相应的优化策略。这不仅有助于提升企业的盈利能力和市场竞争力，更为企业的长期发展奠定了坚实的基础。

三、运营效率比率

运营效率比率是衡量企业资产利用效率和经营效果的关键指标，其中存货周转率和应收账款周转率尤为重要，它们直接反映了企业存货管理和应收账款回收的效率。Python 作为强大的数据分析工具，在运营效率比率的计算、分析、监控与优化中发挥着不可替代的作用。

（一）运营效率比率的自动化计算与即时反馈

Python 通过编写高效的脚本或利用现有的财务数据分析库，能够自动从企业的财务系统中提取存货成本、销售收入、应收账款等关键数据，进而计算出存货周转率和应收账款周转率等运营效率比率。这一过程不仅减少了人工计算的错误率，还极大地提高了工作效率。更重要的是，Python 能够实现即时反馈，即在数据更新的同时立即进行比率的重新计算，使企业能够迅速掌握运营效率的最新状况，为管理层决策提供及时的数据支持。

（二）运营效率比率的深度分析与趋势预测

Python 提供了丰富的数据分析工具和方法，可以对运营效率比率进行深度分析。通过时间序列分析、回归分析等统计方法，Python 能够揭示运营效率比率的变化趋势和影响因素，如市场需求、供应链管理、销售策略等。此外，Python 还能结合机器学习算法，对未来的运营效率比率进行预测，帮助企业提前制定应对策略。这种深度分析与趋势预测能力，使企业能够更加精准地把握市场变化，优化资源配置，提升运营效率。

（三）运营效率比率的跨部门协同与流程优化

运营效率比率的提升往往涉及多个部门的协同努力，如采购、生产、销售、财务等。Python 通过构建跨部门的数据共享平台，打破了信息孤岛，促进了各部门之间的数据交流和协同工作。在此基础上，Python 还能对运营流程进行模拟和优化分析，找出流程中的瓶颈和浪费环节，提出改进建议。例如，针对存货周转率较低的情况，Python 可以分析存货管理的各个环节，提出减少库存积压、优化库存结构的建议；针对应收账款周转率较低的情况，Python 可以分析应收账款的账龄结构、客户信用状况等因素，提出加强应收账款催收、优化信用政策的建议。这些建议有助于企业优化运营流程，提升运营效率。

（四）运营效率比率的持续优化与动态监控

运营效率比率的优化是一个持续的过程，需要企业不断关注市场动态、调整经营策略、优化资源配置。Python 通过构建动态监控系统，能够实时跟踪运营效率比率的变化情况，及时发现异常波动并发出预警。同时，Python 还能根据企业的实际情况和市场变化，自动调整优化策略，确保运营效率比率的持续优化。这种动态监控与持续优化机制，使企业能够灵活应对市场变化，保持运营效率的领先地位。

Python 在运营效率比率的分析与优化中展现出了强大的能力。通过自动化计算与即时反馈、深度分析与趋势预测、跨部门协同与流程优化以及持续优化与动态监控等四个方面的应用，Python 不仅提高了运营效率比率的计算精度和效率，还为企业提供了全面、深入的数据分析和优化建议。这些建议有助于企业优化资源配置、提升运营效率、增强市场竞争力，为企业的长期发展奠定坚实的基础。

四、比率分析的综合应用与财务健康评估

在财务数据分析的广阔领域中，比率分析作为核心工具之一，通过整合各类财务比率（如偿债能力比率、盈利能力比率、运营效率比率等），为企业提供了一幅全面的财务健康状况图。Python 凭借其强大的数据处理与分析能力，在比率分析的综合应用与财务健康评估中发挥着不可替代的作用。

（一）综合比率体系的构建与自动化计算

Python 能够灵活构建综合比率体系，将偿债能力、盈利能力和运营效率等多个维度的财务比率纳入统一的分析框架中。通过编写自动化脚本或利用现有的财

务数据分析库，Python能够迅速从企业的财务系统中提取所需数据，并自动计算出各类比率。这一过程不仅提高了计算的准确性和效率，还确保了数据的及时性和一致性，为后续的财务健康评估奠定了坚实的基础。

（二）多维度比率分析的深入洞察

在综合比率体系构建完成后，Python能够进行多维度的比率分析。它不仅能够单独分析每个比率的变化趋势和影响因素，还能够通过对比不同比率之间的关联性和相互影响，揭示企业财务健康状况的深层次信息。例如，通过对比存货周转率和应收账款周转率，可以评估企业存货管理和应收账款回收的效率；通过对比净利率和总资产周转率，可以评估企业资产利用效率和盈利能力之间的关系。这种多维度分析有助于企业全面了解其财务健康状况，发现潜在的问题和机遇。

（三）财务健康评分模型的构建与应用

为了更直观地评估企业的财务健康状况，Python可以构建财务健康评分模型。该模型通过综合考虑多个财务比率，并根据各比率的重要性和权重进行加权计算，得出一个综合评分。这个评分能够直观地反映企业的财务健康状况，为管理层提供直观的决策依据。Python通过运用统计方法和机器学习算法，可以不断优化评分模型的准确性和稳定性，确保评估结果的可靠性和有效性。

（四）动态监控与预警系统的建立

为了实时监控企业的财务健康状况并及时发现潜在风险，Python可以构建动态监控与预警系统。该系统能够定期或实时更新财务数据，并重新计算各类比率。当发现某个或某些比率出现异常波动或低于预设阈值时，系统将自动发出预警信号，提醒管理层关注并采取相应的应对措施。这种动态监控与预警机制有助于企业及时发现并解决财务问题，确保财务健康状况的稳定和可持续。

（五）财务策略的优化与调整

基于比率分析的综合应用与财务健康评估结果，Python能够为企业提供财务策略的优化与调整建议。这些建议可能涉及多个方面，如调整资本结构以优化偿债能力、优化成本控制以提升盈利能力、改进运营流程以提升运营效率等。Python 通过运用优化算法和模拟分析等方法，可以为企业提供个性化的财务策略建议，并评估不同策略对企业财务健康状况的潜在影响。这些建议有助于企业制定更加科学合理的财务策略，实现财务健康状况的持续优化和提升。

  Python 在比率分析的综合应用与财务健康评估中展现出了强大的能力。通过构建综合比率体系、进行多维度比率分析、构建财务健康评分模型、建立动态监控与预警系统以及提供财务策略的优化与调整建议等五个方面的应用，Python 不仅提高了财务数据分析的准确性和效率，还为企业提供了全面、深入的财务健康状况评估和优化建议。这些建议有助于企业全面了解其财务健康状况，发现潜在的问题和机遇，并制定相应的财务策略以实现可持续发展。

第四章　财务预测与趋势分析

第一节　时间序列预测基础

一、时间序列预测概念与重要性

（一）时间序列预测的基本概念

时间序列预测是一项基于历史数据，利用统计和机器学习方法来预测未来趋势的重要技术。时间序列是指按照时间顺序排列的一系列数据点，每个数据点都对应着特定的时间戳和相应的数值。在金融、经济、气象、医学等众多领域，时间序列预测都扮演着至关重要的角色。通过时间序列分析，我们能够揭示数据中的潜在规律，如趋势、季节性、周期性以及随机性等因素，进而对未来的变化进行预测。

在财务数据分析中，时间序列预测尤为关键。企业的财务数据，如销售额、利润、现金流量等，都是随时间变化而不断更新的。通过对这些财务数据的时间序列分析，企业可以预测未来的经营状况，从而制定更为科学合理的战略规划和投资决策。例如，企业可以利用时间序列预测技术来预测未来的销售额，以便调整生产计划、库存管理以及市场营销策略，从而优化资源配置，提升经营效率。

（二）时间序列预测在财务数据分析中的重要性

时间序列预测在财务数据分析中的重要性不言而喻。

首先，通过时间序列预测，企业可以及时发现财务数据的异常波动，并采取相应的措施进行调整。例如，当企业发现销售额出现下滑趋势时，可以通过时间序列预测技术来预测未来的销售情况，并据此调整生产计划、市场营销策略等，以避免销售进一步下滑。

其次，时间序列预测可以帮助企业制定更为科学合理的战略规划和投资决策。通过预测未来的财务数据变化，企业可以更加准确地评估不同投资项目的风险和收益，从而选择最优的投资组合。同时，时间序列预测还可以帮助企业预测市场趋势和竞争态势，以便更好地把握市场机遇，应对市场挑战。

最后，时间序列预测还可以提高企业的运营效率和管理水平。通过对财务数据的时间序列分析，企业可以发现经营过程中的薄弱环节和潜在问题，并采取相应的措施进行改进。例如，企业可以利用时间序列预测技术来优化库存管理策略，降低库存成本，提高库存周转率；还可以利用该技术来优化供应链管理策略，提高供应链的响应速度和灵活性。

二、ARIMA 模型原理与构建

（一）ARIMA 模型的基本原理

ARIMA 模型，全称为自回归积分滑动平均模型（autoregressive integrated moving average Model），是时间序列预测中最为经典和广泛应用的方法之一。ARIMA 模型结合了自回归（AR）模型捕捉数据内部相关性的能力、差分（I）操作处理非平稳数据的能力，以及滑动平均（MA）模型抑制随机波动的能力，从而实现对复杂时间序列数据的有效建模和预测。

ARIMA 模型的基本思想是通过历史数据来预测未来值。在财务数据分析中，这意味着我们可以利用过去的财务数据（如销售额、利润等）来预测未来的财务表现。ARIMA 模型的核心在于识别数据中的趋势、季节性和随机噪声成分，并通过模型参数（p, d, q）的设定来捕捉这些成分。其中，p 代表自回归项的阶数，d 代表差分的阶数（用于使非平稳数据变得平稳），q 代表移动平均项的阶数。

（二）ARIMA 模型的构建过程

在 Python 中构建 ARIMA 模型通常涉及以下几个关键步骤。

1. 数据预处理

首先，需要对财务数据进行预处理，包括缺失值处理、异常值检测与处理、数据平稳性检验等。由于 ARIMA 模型要求数据是平稳的，因此可能需要通过差分等操作使数据达到平稳状态。

2. 模型识别

接下来，需要识别数据中的自相关性和偏自相关性，以选择合适的 ARIMA 模型参数（p, d, q）。这通常通过绘制自相关函数（ACF）图和偏自相关函数（PACF）图来完成。ACF 图显示了当前值与过去值之间的相关性，而 PACF 图则显示了在当前值与其滞后值之间的相关性，同时排除了中间值的干扰。

3. 参数估计

在确定了模型参数后，需要使用历史数据对模型进行拟合，以估计模型中的未知参数。这通常通过最大似然估计法或最小二乘法等优化算法来实现。

4. 模型诊断

模型拟合完成后，需要对其进行诊断，以评估模型的拟合效果和预测能力。这包括检查残差序列是否服从白噪声假设、观察残差图是否有异常模式等。如果模型不满足要求，可能需要重新调整参数或尝试其他类型的模型。

5. 预测与应用

最后，利用构建好的 ARIMA 模型进行未来值的预测，并将预测结果应用于实际的财务数据分析与优化中。例如，企业可以利用 ARIMA 模型预测未来的销售额或利润水平，以指导生产计划的制订、库存管理策略的调整以及市场营销活动的安排。

(三) ARIMA 模型在财务数据分析中的优势与挑战

1. 优势

(1) 准确性高

ARIMA 模型能够捕捉时间序列数据中的多种成分(趋势、季节性、随机噪声),因此具有较高的预测准确性。

(2) 灵活性强

通过调整模型参数 (p, d, q), ARIMA 模型可以适应不同类型的时间序列数据,具有很强的灵活性。

(3) 易于实现

在 Python 中,利用 statsmodels 等库可以轻松地实现 ARIMA 模型的构建、拟合和预测过程。

2. 挑战

(1) 数据要求严格

ARIMA 模型要求数据必须是平稳的或可以通过差分操作变得平稳。然而,在实际应用中,很多财务数据可能并不满足这一要求。

(2) 参数选择复杂

选择合适的 ARIMA 模型参数 (p, d, q) 需要一定的经验和技巧。不恰当的参数选择可能导致模型过拟合或欠拟合。

(3) 解释性弱

与其他一些预测模型相比, ARIMA 模型的解释性相对较弱。它更多地关注于数据的统计特性和预测精度,而较少关注背后的经济逻辑或业务意义。

ARIMA 模型在财务数据分析与优化中具有重要的应用价值。然而,在实际应用中,我们也需要充分考虑其优势和挑战,并结合具体情况进行合理的选择和调整。

三、Holt-Winters 指数平滑法介绍

（一）Holt-Winters 指数平滑法的基本原理

Holt-Winters 指数平滑法，作为一种高级的时间序列预测技术，特别适用于包含趋势和季节性成分的数据。该方法通过平滑处理历史数据中的随机波动，同时捕捉数据中的趋势和季节性模式，从而实现对未来值的准确预测。Holt-Winters 模型是对简单指数平滑和双重指数平滑（即 Holt 线性趋势模型）的扩展，它增加了对季节性成分的考虑。

在 Holt-Winters 模型中，时间序列被分解为三个主要部分：水平（level）、趋势（trend）和季节性（seasonality）。水平部分代表时间序列在某一时刻的平均值，趋势部分描述了这个平均值随时间的变化方向，而季节性部分则反映了数据在一年或某个固定周期内的周期性波动。通过迭代更新这三个部分的估计值，Holt-Winters 模型能够逐步逼近真实的时间序列动态。

（二）Holt-Winters 指数平滑法的构建与应用

在 Python 中，我们可以利用 statsmodels、pyflux 等库来构建和应用 Holt-Winters 指数平滑模型。构建过程通常包括以下几个步骤。

1. 数据准备

首先，需要确保财务数据是完整且有序的，特别是季节性数据需要按照正确的周期进行排列。此外，可能还需要对数据进行一些预处理，如缺失值填充、异常值处理等。

2. 模型选择

Holt-Winters 模型有多种变体，包括加法模型和乘法模型，分别适用于不同类型的数据。加法模型假设季节性变化是独立于趋势和水平的，而乘法模型则认为季节性变化与趋势和水平是相乘的。根据数据的特性选择合适的模型至关重要。

3. 参数初始化

在构建模型之前,需要初始化一些关键参数,如初始水平、初始趋势、季节性成分的初始估计等。这些参数的选择对模型的性能有一定影响,但通常可以通过自动优化算法来确定。

4. 模型拟合

使用历史数据对 Holt-Winters 模型进行拟合,通过迭代更新水平、趋势和季节性成分的估计值,直到满足一定的收敛条件或达到预设的迭代次数。

5. 预测与评估

利用拟合好的模型进行未来值的预测,并评估预测结果的准确性。这通常通过计算预测误差(如均方误差、平均绝对误差等)来完成。

(三)Holt-Winters 指数平滑法在财务数据分析中的优势与挑战

1. 优势

(1)适应性强

Holt-Winters 模型能够同时捕捉时间序列中的趋势、季节性和随机波动成分,因此特别适用于具有明显季节性特征的财务数据。

(2)预测精度高

通过平滑处理历史数据中的随机波动并捕捉数据中的潜在模式,Holt-Winters 模型通常能够提供较为准确的预测结果。

(3)易于实现

在 Python 等编程语言中,存在多个成熟的库和工具可以方便地实现 Holt-Winters 模型的构建和预测过程。

1. 挑战

(1)参数敏感性

Holt-Winters 模型的性能在很大程度上取决于参数的选择。不恰当的参数设置可能导致模型过拟合或欠拟合。

（2）季节性变化的不稳定性

财务数据中的季节性变化可能受到多种因素的影响，如市场趋势、政策调整等。这些因素可能导致季节性模式的不稳定，从而影响模型的预测效果。

（3）数据要求

为了准确捕捉季节性模式，Holt-Winters 模型通常需要较长的历史数据作为支撑。然而，在实际应用中，可能由于数据获取困难或数据质量不高等原因而无法满足这一要求。

Holt-Winters 指数平滑法在财务数据分析与优化中具有重要的应用价值。然而，在实际应用中，我们也需要充分考虑其优势和挑战，并结合具体情况进行合理的选择和调整。通过不断优化模型参数和数据处理方法，我们可以进一步提高 Holt-Winters 模型的预测精度和适用性。

四、时间序列预测模型的选择与比较

（一）时间序列预测模型选择的重要性

在财务数据分析与优化中，时间序列预测模型的选择是至关重要的。不同的模型适用于不同类型的数据集和预测场景，其预测性能、计算复杂度以及对数据的假设条件各不相同。因此，合理选择预测模型能够直接影响预测结果的准确性和可靠性，进而为企业的财务决策提供有力支持。

模型选择的重要性主要体现在以下几个方面：一是确保预测结果的准确性，避免由于模型选择不当而导致的预测偏差；二是提高预测效率，选择计算复杂度适中、易于实现的模型，以节省时间和资源；三是增强模型的泛化能力，使模型能够适用于不同的数据集和预测场景，提高模型的实用性和应用价值。

（二）常见时间序列预测模型的比较

在财务数据分析中，常用的时间序列预测模型包括 ARIMA 模型、Holt-Winters 指数平滑法、季节性分解的时间序列预测（STL）、长短期记忆网络（LSTM）

等。这些模型各有特点，适用于不同的预测需求。

1.ARIMA 模型

ARIMA 模型适用于平稳或差分后平稳的时间序列数据，能够捕捉数据中的自相关性、趋势和季节性成分。其优点在于模型简单、易于实现，且对线性时间序列数据的预测效果良好；缺点在于对非线性数据的处理能力有限，且参数选择较为复杂。

2.Holt-Winters 指数平滑法

Holt-Winters 指数平滑法特别适用于具有明显季节性特征的时间序列数据。该模型通过平滑处理历史数据中的随机波动，并同时捕捉数据中的趋势和季节性模式，实现对未来值的预测。其优点在于能够较好地处理季节性数据，且预测结果较为稳定；缺点在于对参数的选择较为敏感，且对异常值的处理能力有限。

3.季节性分解的时间序列预测（STL）

STL 模型通过将时间序列数据分解为趋势、季节性和残差三个部分，并分别进行预测和重构，从而实现对未来值的预测。该模型适用于季节性变化较为稳定的数据集，且能够灵活处理不同长度的季节性周期。其优点在于能够清晰地展示时间序列中的各个成分，便于进行深入的数据分析；缺点在于对趋势和季节性成分的假设条件较为严格，且需要较长的历史数据作为支撑。

4.长短期记忆网络（LSTM）

作为一种深度学习模型，LSTM 在时间序列预测中表现出了强大的非线性处理能力。它能够捕捉数据中的长期依赖关系，并有效应对数据中的噪声和异常值。其优点在于预测精度高、适应性强，能够处理复杂的时间序列数据；缺点在于计算复杂度高、训练时间长，且需要较多的数据进行训练。

（三）选择时间序列预测模型的考虑因素

在选择时间序列预测模型时，我们需要综合考虑多个因素，以确保所选模型能够满足实际需求。这些因素包括以下几个方面。

1. 数据类型与特性

不同的数据类型和特性适用于不同的预测模型。例如，对于具有明显季节性特征的数据集，Holt-Winters 指数平滑法或 STL 模型可能更为合适；而对于非线性、复杂的时间序列数据，LSTM 等深度学习模型可能更具优势。

2. 预测精度与效率

预测精度是选择模型时的重要考虑因素之一。然而，在追求高精度的同时，我们也需要考虑模型的计算复杂度和预测效率。对于实时性要求较高的应用场景，选择计算复杂度较低的模型可能更为合适。

3. 数据可得性与质量

数据的可得性和质量也是影响模型选择的重要因素。对于某些数据集而言，可能由于数据获取困难或数据质量不高等原因而限制了可选模型的范围。

4. 模型的可解释性与易用性

在实际应用中，我们还需要考虑模型的可解释性和易用性。一些复杂的模型虽然预测精度高，但可能难以被非专业人士理解和应用；而一些简单的模型虽然预测精度稍逊，但可能更易于被用户接受和使用。

时间序列预测模型的选择是一个复杂而重要的过程。我们需要根据数据类型与特性、预测精度与效率、数据可得性与质量以及模型的可解释性与易用性等多个因素进行综合考虑和权衡，以选择最适合的预测模型来支持财务数据分析与优化工作。

第二节 线性回归在财务预测中的应用

一、线性回归模型基础

线性回归模型是统计学和机器学习中最基础且应用广泛的预测模型之一。其核心在于通过建立自变量（x）与因变量（y）之间的线性关系，来预测或解释因变量的变化。线性回归模型的基本形式可以表示为：$y = \beta_0 + \beta_1 x_1 + \beta_2 x_2 + \cdots + \beta_n x_n + \varepsilon$，其中，$y$ 是因变量，x_1，x_2，$\cdots$，x_n 是自变量，β_1，β_2，$\cdots$，β_n 是模型参数（也称为回归系数），ε 是误差项，代表模型未能解释的随机波动。

线性回归模型的目标是通过给定的训练数据集，利用最小二乘法等方法拟合出最优的回归系数 β。最小二乘法通过最小化残差平方和（RSS）来寻找最佳拟合线或超平面，即最小化 RSS = $\sum_{i=1}^{n}(y_i - \hat{y}_i)^2$，其中 y_i 是观测到的因变量值，$\hat{y}_i$ 是模型预测的因变量值。

简单线性回归是线性回归模型中最简单的形式，仅包含一个自变量和一个因变量，其公式为 $y = \beta_0 + \beta_1 x + \varepsilon$。而多重线性回归模型则包含多个自变量和一个因变量，能够处理更为复杂的数据关系。

二、财务预测中的自变量选择与数据准备

（一）自变量选择的重要性与原则

在财务预测中，自变量的选择是构建有效预测模型的关键步骤。自变量，即影响因变量（如销售额、利润等财务指标）变化的因素，其准确性和相关性直接决定了预测模型的准确性和可靠性。因此，合理选择自变量对于提高财务预测的准确性至关重要。

在选择自变量时，应遵循以下原则：一是相关性原则，即所选自变量应与因变量之间存在显著的相关性；二是可获取性原则，即所选自变量的数据应易于获取且质量可靠；三是经济意义原则，即所选自变量应具有明确的经济意义，能够合理解释因变量的变化；四是独立性原则，即所选自变量之间应尽可能独立，避免多重共线性对模型预测结果的影响。

在财务预测中，常见的自变量包括市场环境指标（如 GDP 增长率、行业增长率）、企业内部指标（如广告投入、员工数量、生产效率）、竞争对手指标（如

市场份额、价格策略）等。通过综合考虑这些因素，可以构建出全面、准确的财务预测模型。

（二）数据准备阶段的关键步骤

数据准备是财务预测中不可或缺的一环，它直接影响到后续模型构建和预测结果的准确性。在数据准备阶段，需要完成以下几个关键步骤。

1. 数据收集

根据预测目标和所选自变量，收集相关的历史数据。这些数据可能来源于企业内部数据库、行业报告、市场调研等多种渠道。

2. 数据清洗

对收集到的数据进行清洗，包括处理缺失值、异常值、重复值等。缺失值可以通过插值、删除或填充等方法进行处理；异常值则需要根据具体情况进行识别并处理，以避免对模型预测结果产生不良影响。

3. 数据转换

根据模型需求对数据进行必要的转换，如对数转换、标准化、归一化等。这些转换有助于改善数据的分布特性，提高模型的收敛速度和预测精度。

4. 数据划分

将清洗和转换后的数据划分为训练集和测试集。训练集用于构建预测模型，测试集则用于评估模型的预测性能。合理的数据划分有助于确保模型的泛化能力和稳定性。

（三）数据准备对财务预测模型性能的影响

数据准备阶段的工作质量直接影响到后续财务预测模型的性能。如果数据准备不充分或存在错误，将会导致模型预测结果的不准确或失效。具体来说，数据准备对财务预测模型性能的影响主要体现在以下几个方面。

1. 模型准确性

准确的数据准备能够确保模型输入数据的准确性和可靠性，从而提高模型的预测准确性。相反，如果数据中存在缺失值、异常值或错误值等问题，将会导致模型预测结果出现偏差或错误。

2. 模型稳定性

合理的数据划分和转换能够改善数据的分布特性，提高模型的收敛速度和稳定性。如果数据划分不合理或转换方法不当，将会导致模型训练过程中出现过拟合或欠拟合等问题，从而影响模型的预测性能。

3. 模型解释性

清晰的数据准备过程有助于用户理解模型输入数据的来源和含义，从而提高模型的解释性。这有助于用户更好地理解和应用模型预测结果，为公司的财务决策提供更加有力的支持。

数据准备是财务预测中不可或缺的一环。通过合理选择自变量、严格进行数据清洗和转换以及合理划分数据等步骤，可以构建出准确、稳定且易于解释的财务预测模型。Python 作为一种功能强大的编程语言，在数据准备阶段展现出了显著的应用优势，为财务预测模型的构建提供了有力的支持。

三、线性回归模型构建与验证

（一）线性回归模型的构建过程

在财务数据分析中，线性回归模型因其简单性和直观性而被广泛应用。通过 Python 我们可以高效地构建这样的模型来预测财务指标如收入、利润等。构建线性回归模型的过程通常包括以下几个关键步骤。

1. 数据准备

需要收集并整理相关的财务数据，包括自变量（如广告投入、员工数量、原材料价格等）和因变量（如销售额、利润等）。数据应当经过清洗和预处理，以消除缺失值、异常值，并进行必要的转换，如对数变换或标准化处理，以确保模型的有效性和准确性。

2. 模型选择

选择适合的线性回归模型是关键。在 Python 中，我们可以使用 scikit-learn 库中的 LinearRegression 类来构建标准的线性回归模型。此外，还可以根据数据的特性选择其他变体，如岭回归（Ridge Regression）或套索回归（Lasso Regression），以处理可能存在的过拟合问题或多重共线性问题。

3. 模型训练

将准备好的数据划分为训练集和测试集后，使用训练集数据来训练线性回归模型。在 Python 中，这通常通过调用 fit 方法实现，该方法会计算模型参数，即每个自变量对应的系数和截距项。

4. 模型评估

训练完成后，需要使用测试集数据来评估模型的性能。评估指标包括但不限于均方误差（MSE）、均方根误差（RMSE）、R^2 分数等。这些指标能够帮助我们了解模型预测值与实际值之间的差异程度，从而判断模型的预测准确性和可靠性。

（二）线性回归模型的验证与调优

在构建完线性回归模型后，验证其有效性和进行必要的调优是至关重要的。验证与调优过程主要包括以下几个方面。

1. 交叉验证

交叉验证是一种评估模型稳定性和泛化能力的有效方法。通过将数据集分为多个子集，并轮流使用其中的一部分作为训练集，其余部分作为验证集，我们可以多次训练并验证模型，从而得到更全面的评估结果。在 Python 中，可以使用 scikit-learn 库中的 cross_val_score 函数来方便地进行交叉验证。

2. 特征选择

特征选择是优化线性回归模型的重要手段之一。通过剔除那些对模型预测性能贡献不大的自变量，可以简化模型结构，提高模型的解释性和预测准确性。在

Python 中，可以利用特征重要性评估、逐步回归等方法来进行特征选择。

3. 参数调优

对于某些线性回归模型的变体（如岭回归、套索回归），需要调整正则化项的参数（如岭回归中的 α 值）来平衡模型的复杂度和预测性能。通过网格搜索（Grid Search）、随机搜索（Randomized Search）等方法，我们可以在一定的参数范围内寻找最优的参数组合。在 Python 中，scikit-learn 库提供了 GridSearchCV 和 RandomizedSearchCV 等类来支持这种参数调优过程。

（三）线性回归模型在财务数据分析中的应用价值

线性回归模型在财务数据分析中具有广泛的应用价值。通过构建和验证线性回归模型，我们可以深入理解财务数据之间的内在关系，并为企业决策提供有力的支持。以下是几个具体的应用场景。

1. 预测销售趋势

利用历史销售数据和相关自变量（如市场广告投入、促销活动频率、季节性因素等），构建线性回归模型来预测未来的销售趋势。这有助于企业制定合理的生产计划、库存管理策略和营销计划。

2. 评估投资回报率

通过分析投资项目与未来收益之间的关系，构建线性回归模型来评估不同投资方案的潜在回报。这有助于企业优化资源配置、降低投资风险并提高整体盈利能力。

3. 优化成本结构

利用成本数据和相关自变量（如原材料价格、生产效率、员工薪酬等），构建线性回归模型来识别成本的主要驱动因素。通过优化这些因素，企业可以降低生产成本、提高运营效率并增强竞争力。

Python 在财务数据分析与优化中扮演着重要角色。通过构建和验证线性回归模型，我们可以深入理解财务数据之间的内在关系，并为企业决策提供有力的支持。同时，通过不断优化模型结构和调整模型参数，我们可以进一步提高模型的预测准确性和可靠性。

四、线性回归预测结果的解释与应用

（一）线性回归模型的基本原理与构建

线性回归作为财务预测中常用的统计方法，其基本原理在于通过建立自变量（如销售额、广告投入、员工数量等）与因变量（如利润、销售额等财务指标）之间的线性关系，来预测因变量的未来值。线性回归模型通过最小化残差平方和来估计模型参数，即自变量前的系数，从而得到最优的预测方程。

在 Python 中，我们可以利用 scikit-learn 等库来构建线性回归模型。首先，需要准备好数据集，并将其划分为特征（自变量）和目标（因变量）。随后，通过调用 scikit-learn 中的 LinearRegression 类来创建线性回归模型实例，并使用 fit 方法将模型拟合到训练数据上。最后，通过调用 predict 方法可以对新的数据点进行预测。

（二）预测结果的解释与评估

线性回归模型的预测结果需要进行准确的解释和评估，以确保其可靠性和有效性。预测结果的解释主要包括对模型参数（即自变量系数）的解释和对预测值本身的解释。模型参数反映了自变量对因变量的影响程度和方向，其正值表示正相关，负值表示负相关。通过比较不同自变量的系数大小，可以判断哪些因素对因变量的影响更为显著。

预测结果的评估则主要通过计算一些统计指标来实现，如均方误差（MSE）、均方根误差（RMSE）、R^2 分数等。这些指标能够量化模型预测值与实际值之间的差异程度，从而评估模型的预测性能。在 Python 中，我们可以使用 scikit-learn 中的 metrics 模块来计算这些评估指标。

（三）预测结果的经济意义与决策支持

线性回归模型的预测结果不仅具有统计学上的意义，更具有重要的经济意义。预测结果可以帮助企业了解未来财务指标的可能变化趋势，从而为企业决策提供有力的支持。例如，通过预测销售额的变化趋势，企业可以调整生产计划、优化库存管理、制定营销策略等；通过预测利润的变化趋势，企业可以评估投资项目的可行性、调整财务结构、优化资源配置等。

在将预测结果应用于企业决策时，需要注意预测结果的不确定性。由于市场环境、企业内部运营等因素的不确定性，预测结果可能会存在一定的误差。因此，在决策过程中需要综合考虑多种因素，并对预测结果进行必要的修正和调整。

（四）线性回归模型的优化与改进

为了提高线性回归模型的预测准确性和可靠性，我们可以采取一系列优化和改进措施。

首先，可以尝试增加或删除一些自变量来优化模型结构。通过逐步回归、LASSO 回归等方法可以筛选出对模型预测性能有显著贡献的自变量，并剔除冗余的自变量。

其次，可以尝试对数据进行变换以提高模型的拟合效果。例如，通过对自变量或目标变量进行对数变换、幂变换等操作，可以改善数据的分布特性并降低模型的异方差性。

最后，可以考虑使用更复杂的模型来替代线性回归模型。例如，如果数据中存在非线性关系或交互作用项，可以考虑使用多项式回归、岭回归、套索回归或支持向量机等模型来替代线性回归模型。这些模型能够更好地捕捉数据中的复杂关系并提高预测准确性。

（五）Python 在模型优化与自动化中的应用

Python 在财务数据分析与优化中不仅限于模型的构建和预测结果的解释，

还能够在模型优化与自动化方面发挥重要作用。通过编写 Python 脚本或利用 Python 的自动化工具（如 Airflow、Luigi 等），我们可以实现数据处理的自动化、模型训练的自动化以及预测结果的自动化输出。

在模型优化方面，Python 提供了丰富的优化算法和库（如 SciPy 的优化模块、遗传算法库 DEAP 等），这些工具可以帮助我们找到最优的模型参数组合以提高模型的预测性能。通过编写 Python 脚本来调用这些优化算法和库，我们可以自动化地完成模型参数的搜索和调优过程。

此外，Python 还可以与数据库、云服务等工具进行集成以实现数据的实时处理和模型的在线更新。例如，通过编写 Python 脚本将数据从数据库中提取出来并进行预处理后送入模型进行预测；或者将预测结果实时地推送到企业的决策支持系统中以便企业及时做出响应和调整。这些自动化的应用能够大大提高数据分析和决策的效率并降低人力成本。

第三节 基于机器学习的财务预测

一、机器学习在财务预测中的应用概述

（一）机器学习在财务预测中的核心地位

随着大数据时代的到来，财务预测作为企业决策的重要支撑，其复杂性和精度要求日益提升。传统的统计方法在面对海量、高维的财务数据时显得力不从心，而机器学习技术凭借其强大的数据处理能力和模式识别能力，逐渐成为财务预测领域的主流工具。Python 作为机器学习的主流编程语言之一，凭借其丰富的库支持和简洁易读的语法，在财务数据分析与优化中发挥着不可替代的作用。

机器学习在财务预测中的核心地位主要体现在以下几个方面：一是能够自动从海量数据中提取有用信息，发现数据之间的复杂关系；二是能够处理非线性关

系和交互作用,提高预测的准确性和鲁棒性;三是能够适应市场环境和业务场景的变化,实现动态预测和实时调整。这些优势使得机器学习在财务预测中展现出巨大的潜力和价值。

(二)Python 在机器学习财务预测中的优势

Python 作为一种高级编程语言,其在机器学习财务预测中的应用具有多方面的优势。首先,Python 拥有丰富的数据处理和分析库,如 Pandas、NumPy 等,能够轻松处理海量财务数据,并进行高效的数据清洗、转换和预处理。其次,Python 拥有众多机器学习库,如 scikit-learn、tensorflow、pytorch 等,这些库提供了丰富的算法模型和工具,能够支持各种复杂的机器学习任务,包括分类、回归、聚类、降维等。最后,Python 还具有良好的可扩展性和可移植性,能够与其他编程语言和软件工具无缝集成,实现更加灵活和高效的数据分析和预测。

在财务预测中,Python 的这些优势得到了充分发挥。通过 Python 财务分析师可以快速地构建和训练机器学习模型,对财务数据进行深入挖掘和分析,发现隐藏在数据背后的规律和趋势。同时,Python 还支持模型的评估和优化,通过交叉验证、网格搜索等方法,不断提高模型的预测精度和泛化能力。此外,Python 还支持模型的部署和应用,将训练好的模型集成到企业的业务系统中,实现实时的财务预测和决策支持。

(三)机器学习财务预测的步骤与流程

机器学习在财务预测中的应用通常遵循一定的步骤和流程。首先,需要明确预测目标和任务,确定需要预测的财务指标和预测的时间范围。其次,需要收集相关的财务数据,并进行数据预处理和特征工程,包括数据清洗、转换、标准化和特征选择等。再次,需要选择合适的机器学习算法和模型,根据数据的特性和预测任务的需求进行模型构建和训练。在模型训练过程中,需要不断调整模型参数和优化算法,以提高模型的预测性能。最后,需要对训练好的模型进行评估和验证，确保其在实际应用中的有效性和可靠性。

在 Python 中，这些步骤和流程可以通过编写脚本或调用库函数来实现。例如，可以使用 Pandas 库进行数据预处理和特征工程，使用 scikit-learn 库进行模型构建和训练，使用 matplotlib 或 seaborn 库进行结果可视化和分析。通过这些步骤和流程，可以构建出高效、准确的财务预测模型，为企业决策提供有力的支持。

总之，机器学习在财务预测中的应用已经成为不可逆转的趋势。Python 作为机器学习的主流编程语言之一，在财务数据分析与优化中发挥着重要作用。通过充分利用 Python 的优势和特性，我们可以构建出更加高效、准确的财务预测模型，为企业创造更大的价值。

二、随机森林算法原理与财务预测应用

（一）随机森林算法的基本原理

随机森林算法是一种集成学习算法，它通过构建多个决策树并将它们的预测结果进行汇总来提高整体的预测准确性和稳定性。该算法的核心思想在于"集成"与"随机"，即通过集成多个弱学习器（决策树）来形成一个强学习器，同时在构建每棵树时引入随机性以减少过拟合风险。

具体来说，随机森林算法在构建决策树时采用以下两种随机策略：一是随机选择样本数据用于训练每棵树，这通常通过自助抽样（bootstrap sampling）实现，即每次有放回地从原始数据集中抽取样本作为训练集；二是随机选择特征子集用于分裂每个节点，这有助于降低特征之间的相关性，提高模型的泛化能力。

在预测阶段，随机森林算法将输入数据输入每一棵决策树中，得到各自的预测结果，然后通过投票（对于分类问题）或平均（对于回归问题）的方式汇总所有树的预测结果，得到最终的预测输出。

（二）随机森林算法在财务预测中的优势

随机森林算法在财务预测中展现出诸多优势，使其成为该领域的一种重要工

具。首先，随机森林能够处理高维数据，自动进行特征选择和重要性评估，这对于包含大量财务指标和复杂关系的财务数据集尤为重要。其次，随机森林算法具有良好的抗过拟合能力，通过集成多棵决策树和引入随机性，有效降低了单一决策树容易过拟合的风险。最后，随机森林算法还具有计算效率高、预测结果稳定可靠等优点，能够满足财务预测对实时性和准确性的要求。

在财务预测中，随机森林算法可以应用于多个方面，如预测公司利润、销售额、股票价格等。通过构建基于随机森林的预测模型，企业可以更加准确地把握市场趋势和财务状况，为决策提供有力支持。

（三）Python 在随机森林财务预测中的实现与调优

在 Python 中，实现随机森林财务预测主要依赖于 scikit-learn 库。该库提供了 RandomForestClassifier（用于分类问题）和 RandomForestRegressor（用于回归问题）等类，使得构建随机森林模型变得简单快捷。

在实现过程中，首先需要准备和预处理财务数据，包括数据清洗、特征选择、标准化等步骤。然后，可以调用 scikit-learn 库中的 RandomForestRegressor（或 RandomForestClassifier）类来构建随机森林模型，并通过 fit 方法将训练数据输入模型进行训练。训练完成后，可以使用 predict 方法对新数据进行预测。

为了进一步提高模型的预测性能，可以进行模型调优。调优的方法包括调整随机森林算法的超参数（如树的数量、最大深度、节点分裂所需的最小样本数等），以及采用交叉验证、网格搜索等技术来寻找最优的参数组合。此外，还可以结合特征重要性评估结果来优化特征选择过程，进一步提高模型的准确性和泛化能力。

（四）随机森林算法在财务预测中的挑战与未来展望

尽管随机森林算法在财务预测中展现出诸多优势，但其在实际应用中仍面临一些挑战。首先，随着财务数据量的不断增加和复杂度的提高，如何高效地处理大规模数据集成为一个重要问题。其次，随机森林算法虽然能够自动进行特征选择和重要性评估，但在某些情况下可能需要结合领域知识和专家意见来进行更精细的特征工程。最后，随机森林算法在解释性方面相对较弱，难以直接解释模型内部的决策逻辑和特征贡献度。

未来，随着机器学习技术的不断发展和完善，随机森林算法在财务预测中的应用前景将更加广阔。一方面，可以通过引入分布式计算、增量学习等技术来提高处理大规模数据集的能力；另一方面，可以结合深度学习、自然语言处理等技术来进一步挖掘财务数据中的潜在信息和关系。同时，随着可解释性机器学习研究的深入，未来也有望开发出更加直观、易于理解的随机森林模型解释方法，为企业决策提供更加全面、深入的支持。

三、梯度提升树（GBDT）算法及其在财务预测中的优势

（一）梯度提升树（GBDT）算法的基本原理

梯度提升树（gradient boosting decision tree, GBDT）是一种集成学习算法，它通过迭代地构建多个决策树来优化一个损失函数，以实现对目标变量的预测。GBDT 的核心思想在于"梯度提升"，即利用损失函数的负梯度作为残差（或伪残差）来指导每一轮决策树的构建。每一轮新构建的决策树都会拟合上一轮预测结果的残差，通过累加所有决策树的预测结果来逼近真实的目标值。

在 GBDT 中，每一轮迭代都包括三个主要步骤：计算损失函数对当前模型预测值的梯度（即残差）；基于梯度（残差）构建一棵新的决策树来拟合这些残差；将新构建的决策树的预测结果按照一定的学习率加入模型中，以更新整体模型的预测结果。通过多轮迭代，GBDT 能够不断逼近真实的目标函数，从而提高预测的准确性和稳定性。

（二）GBDT 在财务预测中的优势

GBDT 算法在财务预测中展现出诸多优势，使其成为该领域的重要工具之一。

首先，GBDT 能够处理复杂的非线性关系和高维数据，通过多轮迭代和决策树的构建，能够捕捉到财务数据中的隐藏模式和规律。这对于财务预测来说尤为

重要，因为财务数据往往包含大量的非线性关系和交互作用。

其次，GBDT 具有良好的鲁棒性和抗过拟合能力。在 GBDT 中，每一轮新构建的决策树都会拟合上一轮预测结果的残差，这种残差拟合的方式有助于减少模型的偏差和方差，从而提高模型的预测性能。同时，GBDT 还通过引入学习率等正则化参数来控制模型的复杂度，防止过拟合现象的发生。

最后，GBDT 具有良好的可解释性和灵活性。虽然 GBDT 的模型结构相对复杂，但每一轮构建的决策树都具有一定的可解释性，可以通过观察决策树的分裂节点和叶子节点的值来理解模型的决策逻辑。同时，GBDT 还支持自定义损失函数和评价指标，可以根据具体的财务预测任务进行灵活调整和优化。

（三）Python 在 GBDT 财务预测中的实现与应用

在 Python 中，实现 GBDT 财务预测主要依赖于 scikit-learn 库中的 Gradient Boosting Classifier（用于分类问题）和 Gradient Boosting Regressor（用于回归问题）等类。这些类提供了丰富的参数设置和接口函数，使得构建 GBDT 模型变得简单快捷。

在实现过程中，首先需要准备和预处理财务数据，包括数据清洗、特征选择、标准化等步骤。然后，可以调用 scikit-learn 库中的 Gradient Boosting Regressor（或 Gradient Boosting Classifier）类来构建 GBDT 模型，并通过 fit 方法将训练数据输入模型进行训练。训练完成后，可以使用 predict 方法对新数据进行预测。

为了提高 GBDT 模型的预测性能，可以进行模型调优。调优的方法包括调整模型的超参数（如学习率、树的数量、树的深度、叶子节点的最小样本数等），以及采用交叉验证、网格搜索等技术来寻找最优的参数组合。此外，还可以结合特征重要性评估结果来优化特征选择过程，进一步提高模型的准确性和泛化能力。

（四）GBDT 在财务预测中的未来展望与挑战

随着大数据和人工智能技术的不断发展，GBDT 算法在财务预测中的应用前景将更加广阔。一方面，随着计算能力的提升和算法的优化，GBDT 能够处理更大规模、更复杂的数据集，进一步提高预测的准确性和效率；另一方面，随着对模型可解释性要求的提高，未来的 GBDT 算法可能会引入更多的可解释性技术，使得模型的决策逻辑更加清晰易懂。

然而，GBDT 在财务预测中也面临一些挑战。首先，随着数据量的不断增加和复杂度的提高，如何高效地处理大规模数据集成为一个重要问题。其次，虽然 GBDT 模型具有良好的预测性能，但其模型结构相对复杂，难以直接解释模型内部的决策逻辑和特征贡献度。因此，在未来的研究中，需要探索更加高效的数据处理技术和可解释性技术，以进一步提高 GBDT 在财务预测中的应用效果和价值。

四、机器学习模型性能评估与调优

（一）模型性能评估的重要性

在财务数据分析与优化中，机器学习模型的性能评估是不可或缺的一环。它不仅能够帮助我们了解模型的预测效果，还能指导我们进行后续的模型调优工作。性能评估通过量化指标来衡量模型在未知数据上的表现，确保模型在实际应用中具有稳定性和可靠性。对于财务预测等高风险领域，模型性能的微小差异都可能对决策产生重大影响，因此，全面、准确的性能评估显得尤为重要。

在评估过程中，我们需要选择恰当的评估指标，如准确率、召回率、F1 分数（针对分类问题）或均方误差、R^2 分数（针对回归问题）等。同时，还需要采用合适的评估方法，如留出法、交叉验证等，以确保评估结果的客观性和可靠性。

（二）常见的评估指标与方法

在财务数据分析中，常用的评估指标包括准确率、精确率、召回率、F1 分数以及针对回归问题的均方误差（MSE）、均方根误差（RMSE）、R^2 分数等。这些指标各有侧重，能够全面反映模型的预测性能。例如，准确率是衡量分类模型整体预测正确率的指标，但在类别不平衡的情况下可能不够准确；而精确率和召回率则分别关注模型预测为正类的样本中真正为正类的比例和所有正类样本中被模型预测出来的比例，对于财务欺诈检测等场景尤为重要。

在评估方法方面，交叉验证是一种常用的技术，它通过将数据集划分为多个子集，依次将每个子集作为测试集，其余子集作为训练集进行模型训练和评估，最终将多次评估结果的平均值作为模型的性能指标。这种方法能够充分利用有限的数据资源，提高评估结果的稳定性和可靠性。

（三）模型调优的策略与技巧

模型调优是提高机器学习模型性能的关键步骤。在财务数据分析中，由于数据复杂性和预测任务的高要求，模型调优显得尤为重要。调优策略主要包括超参数调整、特征选择、模型集成等。

超参数调整是模型调优中最直接的方法之一。通过改变模型的学习率、树的深度、叶子节点的最小样本数等超参数，可以影响模型的复杂度和学习能力，从而改善模型的预测性能。常用的超参数调整方法包括网格搜索、随机搜索和贝叶斯优化等。

特征选择是另一个重要的调优手段。在财务数据中，往往存在大量的冗余和噪声特征，这些特征不仅会增加模型的复杂度，还可能降低模型的预测性能。通过特征选择技术，我们可以筛选出对预测目标有显著影响的特征，提高模型的泛化能力。

模型集成也是提升模型性能的有效方法。通过将多个单一模型（基模型）的预测结果进行整合，可以得到比单一模型更稳定、更准确的预测结果。常见的模型集成方法包括 Bagging、Boosting 和 Stacking 等。在财务数据分析中，GBDT、随机森林等集成学习算法已经得到了广泛应用。

（四）Python 在模型性能评估与调优中的应用

Python 作为一门功能强大的编程语言，在机器学习模型性能评估与调优中发挥着重要作用。Scikit-learn、XGBoost、Light GBM 等 Python 库提供了丰富的模型和评估工具，使得模型性能评估与调优工作变得简单高效。

在 Scikit-learn 中，我们可以使用 cross_val_score、Grid Search CV、Randomized Search CV 等函数进行交叉验证和超参数调整。这些函数提供了灵活的接口和丰富的参数设置选项，能够满足不同场景下的模型评估与调优需求。

XGBoost 和 Light GBM 作为高效的梯度提升框架，不仅提供了强大的模型训练能力，还内置了多种评估指标和调优策略。通过调整这些框架中的参数（如学习率、树的深度、特征采样比例等），我们可以轻松地对模型进行调优，提高模型的预测性能。

此外，Pandas、NumPy 等 Python 库也为数据预处理和特征工程提供了强大的支持。通过这些库，我们可以对数据进行清洗、转换和降维等操作，为后续的模型训练与评估打下坚实的基础。

（五）面临的挑战与未来趋势

尽管 Python 在财务数据分析与优化中的应用已经取得了显著成效，但在模型性能评估与调优过程中仍面临一些挑战。首先，随着数据量的不断增加和复杂度的提高，如何高效地处理大规模数据集并进行快速评估与调优成了一个重要问题。其次，不同评估指标之间的权衡和选择也是一个难题。在实际应用中，我们需要根据具体场景和需求选择合适的评估指标和评估方法。

未来，随着人工智能技术的不断发展和进步，我们可以期待更多先进的算法和工具被引入财务数据分析与优化中。例如，深度学习算法在处理复杂非线性关系方面展现出强大能力，未来有望在财务预测等领域发挥更大作用。同时，随着自动化机器学习（AutoML）技术的兴起和发展，我们可以预见未来模型评估与调优工作将更加智能化和自动化。这些趋势将进一步提升财务数据分析与优化的效率和准确性，为企业决策提供更加有力的支持。

第五章 风险管理与信用评估

第一节 信用评分模型基础

一、信用评分模型概述与重要性

在金融市场与商业活动中，信用评分模型作为评估个人、企业信用风险的重要工具，其地位日益凸显。本节将从信用评分模型的基本概念、发展历程、核心要素以及其在风险管理中的重要性四个方面进行深入探讨，旨在全面揭示信用评分模型的价值与意义。

（一）信用评分模型的基本概念

信用评分模型是一种基于历史数据和统计分析的数学模型，旨在预测个人或机构在未来一段时间内发生违约行为的可能性。该模型通过收集并分析借款人的信用记录、财务状况、还款历史等多维度信息，运用复杂的算法和统计方法，对借款人的信用风险进行量化评估。信用评分模型的核心在于其预测能力，即能够准确判断借款人的信用状况，为金融机构和其他相关方提供决策支持。

（二）信用评分模型的发展历程

信用评分模型的发展可以追溯到 20 世纪 60 年代，以纽约大学斯特恩商学院教授爱德华·阿特曼（Edward Altman）提出的 Z-Score 模型为标志。该模型通过选取一系列财务指标，如资产流动性、盈利能力、财务结构稳定性等，构建了一个多变量统计模型，用于预测企业破产的可能性。随后，随着金融市场的不断发展和数据技术的日益成熟，信用评分模型逐渐演化为更加复杂、精准的评估体系，如 ZETA 评分模型、逻辑回归模型、决策树模型等。这些模型在保留原有优势的基础上，进一步提高了预测精度和适用范围，成为金融机构风险管理的重要工具。

（三）信用评分模型的核心要素

信用评分模型的核心要素包括数据收集、变量选择、模型构建和验证调整四个环节。首先，数据收集是模型构建的基础，需要广泛收集借款人的信用记录、财务状况、行为数据等多维度信息。其次，变量选择是模型构建的关键，需要根据业务需求和数据特点，选取具有预测能力的财务指标和行为特征作为模型输入。然后，通过运用统计方法和机器学习算法，构建出能够准确预测违约风险的信用评分模型。最后，对模型进行验证和调整，确保模型的准确性和稳定性，以适应不断变化的市场环境。

（四）信用评分模型在风险管理中的重要性

信用评分模型在风险管理中的重要性不言而喻。首先，它有助于金融机构更准确地评估借款人的信用风险，降低坏账率，提高资产质量。通过信用评分模型，金融机构可以快速识别出高风险借款人，并采取相应的风险控制措施，如提高贷款利率、缩短贷款期限等，以降低违约风险。其次，信用评分模型有助于金融机构制定更加合理的定价策略，提高盈利能力。通过对不同信用状况的借款人进行差异化定价，金融机构可以更加精准地匹配风险与收益，实现资源的优化配置。最后，信用评分模型还有助于优化风险管理流程，提高风险管理效率。借助自动化、智能化的信用评分系统，金融机构可以更加快速、准确地完成信用评估工作，降低人力成本和时间成本，提高风险管理效率。

信用评分模型作为评估个人、企业信用风险的重要工具，在金融市场与商业活动中发挥着不可替代的作用。随着数据技术的不断发展和应用场景的不断拓展，信用评分模型将进一步完善和优化，为金融机构和其他相关方提供更加精准、高效的决策支持。

二、Z-Score 模型原理与应用

Z-Score 模型，由爱德华·阿特曼（Edward Altman）教授于 1968 年提出，是一种经典的信用评分模型，广泛应用于企业信用风险评估领域。本小节将从 Z-Score 模型的原理、构建过程、核心财务指标以及在实际应用中的重要性四个方面进行深入探讨。

（一）Z-Score 模型的原理

Z-Score 模型的核心原理在于通过统计分析方法，综合多个财务指标来评估企业的财务风险和破产可能性。该模型基于破产企业与正常运营企业在财务指标上的显著差异，选取了一系列能够反映企业财务状况和经营能力的关键指标，如经营利润与总资产比例、净营运资本与总资产比例、市场价值与书面债务比例、营业收入与总资产比例等。通过对这些指标进行加权处理，并运用统计方法计算出一个综合得分（即 Z-Score），以此来评估企业的财务风险。Z-Score 模型的提出，为企业信用风险评估提供了一种科学、量化的方法，极大地提高了评估的准确性和可靠性。

（二）Z-Score 模型的构建过程

Z-Score 模型的构建过程主要包括指标选取、权重确定、模型构建和验证调整四个步骤。首先，根据企业财务状况和经营能力的特点，选取一系列具有代表性的财务指标作为模型输入。其次，运用统计方法确定各指标的权重，确保模型能够准确反映各指标对企业财务风险的影响程度。然后，基于选取的指标和确定的权重，构建出 Z-Score 模型的具体计算公式。最后，通过实际数据对模型进行验证和调整，确保模型的准确性和稳定性。在构建过程中，需要特别注意数据的可靠性和代表性，以及模型的适应性和泛化能力。

（三）Z-Score 模型的核心财务指标

Z-Score 模型涉及的核心财务指标包括经营利润与总资产比例、净营运资本

与总资产比例、市场价值与书面债务比例、营业收入与总资产比例等。这些指标分别从企业的盈利能力、流动性、财务结构和经营效率等多个方面反映了企业的财务状况和经营能力。经营利润与总资产比例反映了企业通过资产经营活动所能获得的收益水平；净营运资本与总资产比例衡量了企业的流动性和短期偿债能力；市场价值与书面债务比例考察了企业的市场表现相对于债务水平的情况；营业收入与总资产比例则反映了企业资产利用效率和销售能力。这些指标的有机结合，构成了 Z-Score 模型评估企业财务风险的全面框架。

（四）Z-Score 模型在实际应用中的重要性

Z-Score 模型在实际应用中具有极其重要的意义。首先，它为企业信用风险评估提供了一种科学、量化的方法，有助于金融机构和投资者更加准确地评估企业的财务风险和偿债能力，从而做出更加明智的决策。其次，Z-Score 模型的应用范围广泛，不仅适用于制造业和工业企业，还通过变体模型如 ZM-Score 和 ZETA-Score 等扩展到了其他行业领域。再次，Z-Score 模型还可以作为监管机构评估整个行业或市场信用风险的参考工具，帮助监管机构制定和执行适当的监管政策。最后，Z-Score 模型的应用还促进了企业风险管理水平的提升，促使企业更加注重财务数据的准确性和透明度，提高了企业的治理水平和市场竞争力。

Z-Score 模型作为一种经典的信用评分模型，在企业信用风险评估领域发挥着重要的作用。通过深入剖析其原理、构建过程、核心财务指标以及在实际应用中的重要性，我们可以更加全面地了解 Z-Score 模型的价值与意义，为企业的风险管理和金融决策提供更加有力的支持。

三、Altman Z-Score 模型的改进与比较

（一）Altman Z-Score 模型的基础与原理

Altman Z-Score 模型，由纽约大学斯特恩商学院的教授爱德华·阿特曼（Edward Altman）在 1968 年提出，是一种用于预测企业在未来两年内破产可能

性的多变量统计模型。该模型基于对美国破产和非破产生产企业的广泛观察，通过数理统计方法筛选了22个财务比率，最终确定了五个关键变量，构建了著名的Z-score模型。这五个变量分别是：营运资本/总资产（$X1$）、留存收益/总资产（$X2$）、息税前利润/总资产（$X3$）、股票市值/总负债（$X4$）、总销售额/总资产（$X5$）。这些变量通过加权计算，得出一个综合的Z值，用以评估企业的财务健康状况和破产风险。

（二）Altman Z-Score 模型的改进与发展

尽管 Altman Z-Score 模型在提出后得到了广泛应用，但其在实际应用中也暴露出了一些局限性。因此，后续研究对模型进行了多方面的改进。首先，针对模型中的权数问题，研究者们发现权数并非固定不变，而应随着市场环境和企业特征的变化进行调整。其次，传统模型未充分考虑景气循环效应因子的影响，导致在经济周期波动较大时预测准确性下降。此外，模型也未纳入公司治理变量等非财务指标，而这些因素往往对企业的破产风险有重要影响。因此，Altman 在后续研究中对模型进行了重构，提出了修正的 Z-Score 模型，以增强其预测能力和适用性。

在修正模型中，研究者们引入了更多的财务变量，并重新分配了各变量的权重，以更好地反映企业的综合风险水平。同时，通过引入景气循环效应因子和公司治理变量等非财务指标，进一步提高了模型的预测精度。此外，针对不同类型的企业（如上市公司、非上市公司、制造业企业、非制造业企业等），研究者们还开发了不同版本的 Z-Score 模型，以满足不同企业的风险评估需求。

（三）Altman Z-Score 模型与其他信用评分模型的比较

在信用评分领域，除了 Altman Z-Score 模型外，还存在多种其他模型，如 Logistic 回归模型、神经网络模型、决策树模型等。这些模型各有优劣，适用于不同的风险评估场景。与这些模型相比，Altman Z-Score 模型具有以下特点：

简洁性：Altman Z-Score 模型仅使用五个财务比率进行计算，易于理解和应用。相比之下，其他模型可能涉及更多的变量和复杂的计算过程。

广泛性：Altman Z-Score 模型在全球范围内得到了广泛应用，积累了丰富的实践经验。这使得模型在不同国家和地区的企业风险评估中具有较高的参考价值。

预测精度：虽然 Altman Z-Score 模型在某些方面存在局限性，但其整体预测精度仍然较高。特别是在经济环境相对稳定、企业财务状况较为透明的情况下，Altman Z-Score 模型的预测效果尤为显著。

灵活性：针对不同类型的企业和市场需求，研究者们开发了多种版本的 Altman Z-Score 模型。这使得模型在应用中具有较高的灵活性，能够满足不同企业的风险评估需求。

（四）Altman Z-Score 模型的应用与挑战

Altman Z-Score 模型在企业风险评估、信贷审批、投资决策等领域具有广泛的应用价值。通过计算企业的 Z 值，可以快速评估其财务健康状况和破产风险，为决策者提供重要的参考依据。然而，在实际应用中，模型也面临着一些挑战。首先，模型的预测结果可能受到财务数据真实性和准确性的影响。如果企业提供的财务数据存在虚假或误导性信息，那么模型的预测结果也将失去意义。其次，模型的应用需要具备一定的专业知识和技能。对于非专业人士来说，理解和应用模型可能存在一定的困难。最后，随着市场环境和企业特征的不断变化，模型的权数和参数也需要进行相应的调整和优化，以确保其预测准确性和适用性。

Altman Z-Score 模型作为一种经典的企业破产预测模型，在信用评分领域具有重要地位。然而，随着市场环境和企业特征的不断变化，模型也需要不断进行改进和优化以适应新的需求。同时，在应用过程中也需要注意数据的真实性和准确性以及模型的专业性和灵活性等问题。

第二节 逻辑回归在信用评估中的应用

一、逻辑回归模型基础

（一）逻辑回归模型基础概述

逻辑回归（Logistic Regression）是一种广泛应用的统计模型，特别适用于处理二分类问题。其核心思想在于通过线性组合输入特征，并借助 Sigmoid 函数将结果映射到 (0, 1) 区间，从而转化为概率值，表示某一事件发生的可能性。逻辑回归模型的优势在于其简洁性、可解释性强以及易于实现。在模型构建过程中，通过最小化损失函数（通常为交叉熵损失）来优化模型参数，提高预测准确性。此外，逻辑回归还支持正则化等策略，以缓解过拟合问题，提高模型的泛化能力。

（二）逻辑回归在信用评估中的应用背景

信用评估是金融机构在信贷业务中不可或缺的一环，旨在评估客户的信用风险，确保贷款资金的安全回收。随着大数据和人工智能技术的发展，信用评估模型日益复杂和精细。逻辑回归作为经典的分类算法，在信用评估领域发挥着重要作用。其能够高效处理大量数据，准确识别客户的信用风险特征，为金融机构提供科学的决策支持。

（三）逻辑回归在信用评估中的具体实现

在信用评估中，逻辑回归模型通过收集客户的历史信用行为、个人信息、财务状况等特征作为输入变量，经过特征选择和预处理后，构建模型进行训练。模型训练过程中，通过最小化交叉熵损失函数，优化模型参数，使得模型能够准确预测客户违约的概率。具体实现步骤如下：

1. 数据收集与预处理

收集客户的各项信用相关数据，并进行数据清洗、缺失值处理、异常值检测等预处理工作，确保数据质量。

2. 特征选择与工程

根据业务需求和模型特性，选择合适的特征进行建模。可能涉及的特征包括年龄、性别、收入、负债比、信用历史记录等。同时，还需进行特征转换和编码，以适应模型输入要求。

3. 模型训练

使用处理后的数据训练逻辑回归模型，通过梯度下降等优化算法不断调整模型参数，直至损失函数收敛或达到预设的迭代次数。

4. 模型评估与优化

使用测试集对模型进行评估，通过准确率、召回率、F1 分数等指标衡量模型性能。根据评估结果，对模型进行进一步优化，如调整超参数、增加特征等。

5. 模型应用与监控

将训练好的模型应用于实际业务中，对客户信用风险进行预测和评估。同时，定期对模型进行监控和更新，以应对市场变化和客户行为变化对模型性能的影响。

二、信用评估中特征选择与数据预处理

（一）信用评估中特征选择的重要性与原则

在信用评估中，特征选择是构建有效模型的关键步骤之一。它直接关系到模型能否准确捕捉客户的信用风险特征，进而影响模型的预测精度和泛化能力。特征选择的重要性在于，通过剔除冗余、不相关或噪声特征，可以减少模型的复杂度，提高训练效率，同时降低过拟合风险，使模型更加专注于对预测目标有实质性影响的因素。

在进行特征选择时，需要遵循以下原则：

1. 相关性

所选特征应与信用评估目标紧密相关，能够反映客户的信用风险状况。

2. 有效性

特征应具有足够的预测能力，能够显著提高模型的预测精度。

3. 冗余性

应避免选择高度相关的特征，以减少模型冗余，提高计算效率。

4. 可解释性

在可能的情况下，选择易于理解和解释的特征，有助于业务人员理解和应用模型。

为了实施有效的特征选择，可以采用多种方法，如过滤法（基于统计测试或相关性分析）、包装法（将特征选择嵌入到模型训练过程中）和嵌入法（在模型训练过程中自动进行特征选择，如逻辑回归中的正则化项）。

（二）数据预处理在信用评估中的必要性及步骤

数据预处理是信用评估中不可或缺的一环。原始数据往往存在缺失、异常、不一致等问题，直接用于建模可能导致模型性能下降。因此，数据预处理旨在通过一系列技术手段，提高数据质量，为后续的特征选择和模型训练奠定基础。

数据预处理的必要性体现在以下几个方面。

提高数据质量：通过处理缺失值、异常值等问题，确保数据的完整性和准确性。

增强模型稳定性：减少数据中的噪声和干扰因素，提高模型的鲁棒性和稳定性。

优化模型性能：通过特征缩放、编码等处理，使模型更容易收敛到最优解，提高预测精度。

数据预处理的步骤通常包括：

数据清洗：处理缺失值（如填充、删除或插值）、异常值（如基于统计测试进行识别和修正）等。

数据集成：将来自不同源的数据合并成一个统一的数据集，解决数据冗余和不一致问题。

数据转换：包括特征缩放（如归一化、标准化）、离散化（如将连续变量转换为分类变量）、编码（如独热编码、标签编码）等，以适应模型输入要求。

数据规约：在不影响模型性能的前提下，通过降维、抽样等方法减少数据量，提高计算效率。

（三）特征选择与数据预处理在逻辑回归信用评估中的协同作用

在逻辑回归应用于信用评估时，特征选择与数据预处理是两个相辅相成的环节。它们共同作用于原始数据，通过优化特征空间和提升数据质量，来增强模型的预测能力和稳定性。

特征选择与数据预处理的协同作用体现在以下几个方面。

提高模型精度：通过剔除不相关和冗余特征，减少模型复杂度，使模型更加专注于对预测目标有实质性影响的因素；同时，通过数据预处理提高数据质量，减少噪声和干扰因素对模型的影响，从而提高模型预测精度。

加快模型训练速度：通过减少特征数量和优化数据质量，降低模型训练的计算复杂度，加快模型收敛速度。

增强模型可解释性：通过选择易于理解和解释的特征，并结合清晰的数据预处理流程，使模型结果更加直观和可信，便于业务人员理解和应用。

特征选择与数据预处理在逻辑回归信用评估中发挥着至关重要的作用。它们相互协作，共同优化模型输入数据的质量和特征空间的结构，为构建高效、准确的信用评估模型提供有力支持。

三、逻辑回归模型构建与验证

（一）逻辑回归模型构建的关键步骤

在信用评估中，逻辑回归模型的构建是一个系统而精细的过程，涉及多个关键步骤。这些步骤不仅关乎模型能否准确反映客户信用风险特征，还直接影响到模型的预测精度和泛化能力。

首先，明确模型目标。在逻辑回归模型中，目标通常是预测客户是否会发生违约行为，即一个二分类问题。明确目标有助于后续步骤中特征选择和模型评估的针对性。

其次，进行特征选择和数据预处理。如前文所述，这两个环节对于提高数据质量和优化特征空间至关重要。在逻辑回归中，特征选择需要特别关注那些与违约风险高度相关的变量，而数据预处理则包括处理缺失值、异常值、数据转换等一系列操作，以确保数据的准确性和一致性。

接着，构建逻辑回归模型。这一过程包括确定模型的数学表达式、选择适当的损失函数和优化算法等。逻辑回归模型的数学基础是 Sigmoid 函数，它将线性组合的结果映射到 (0,1) 区间，表示违约发生的概率。损失函数通常采用交叉熵损失，因为它能够很好地衡量模型预测概率与实际标签之间的差异。优化算法则用于最小化损失函数，常用的有梯度下降法、牛顿法等。

最后，进行模型训练。在训练过程中，需要选择合适的训练集和验证集，通过迭代优化算法不断调整模型参数，直至模型在验证集上的表现达到最优或满足预设的停止条件。

（二）逻辑回归模型验证的重要性与方法

模型验证是评估逻辑回归模型性能的关键环节。它不仅有助于判断模型是否达到预期效果，还能为模型的进一步优化提供指导。

模型验证的重要性在于，它能够揭示模型在未知数据上的表现能力，即模型的泛化能力。一个好的模型不仅应该在训练集上表现优异，还应该在验证集和测试集上保持良好的预测精度。因此，通过模型验证可以及时发现模型存在的问题和不足，并采取相应的措施进行改进。

在逻辑回归模型中，常用的验证方法包括交叉验证、留一法、自助法等。其中，交叉验证是最常用的方法之一。它将数据集分成若干部分，每次用其中的一部分作为验证集，其余部分作为训练集进行模型训练，最后计算所有验证集上的平均性能作为模型的整体性能评估。这种方法能够有效避免模型过拟合问题，并给出较为稳健的性能估计。

此外，还需要关注一些关键的性能指标来评估模型的好坏。在二分类问题中，常用的指标包括准确率、精确率、召回率、F1 分数、ROC 曲线和 AUC 值等。这些指标能够从不同角度反映模型的预测能力，帮助用户全面了解模型的性能表现。

（三）逻辑回归模型优化策略

虽然逻辑回归模型具有简单、易实现等优点，但在实际应用中仍可能面临一些挑战，如过拟合、欠拟合、模型精度不足等问题。为了克服这些问题，提高模型的性能表现，可以采取以下优化策略：

1. 特征工程

通过进一步的特征选择和特征转换来优化特征空间的结构和质量。例如，可以尝试使用特征交互项、多项式特征等方法来增强特征的表达能力；或者使用 PCA、LDA 等降维技术来减少特征维度并保留关键信息。

2. 正则化

通过在损失函数中加入正则化项来限制模型复杂度，防止过拟合现象的发生。逻辑回归中常用的正则化方法包括 L1 正则化和 L2 正则化（也称为岭回归）。L1 正则化有助于实现特征的稀疏选择，而 L2 正则化则能够有效降低模型权重的波动范围。

3. 调整超参数

逻辑回归模型中有一些超参数需要手动设置，如学习率、迭代次数、正则化系数等。通过调整这些超参数可以优化模型的训练过程和最终性能。在实际应用中，可以采用网格搜索、随机搜索或贝叶斯优化等方法来自动寻找最优的超参数组合。

4. 集成学习

将逻辑回归模型与其他机器学习模型进行集成学习，可以进一步提高模型的预测精度和稳定性。常见的集成学习方法包括 Bagging、Boosting 和 Stacking 等。通过集成多个模型的预测结果并进行适当的组合可以得到更加鲁棒和准确的预测结果。

四、逻辑回归模型在信用评估中的优势与局限性

（一）逻辑回归模型在信用评估中的优势

逻辑回归模型在信用评估领域具有显著的优势，这些优势使得它成为该领域广泛应用的经典方法之一。

首先，逻辑回归模型具有解释性强的特点。其模型形式简单直观，通过 Sigmoid 函数将线性组合的结果映射为违约概率，易于理解和解释。在信用评估中，这一特点尤为重要，因为业务人员不仅需要知道客户的违约风险大小，还需要了解哪些因素影响了这一风险。逻辑回归模型能够提供清晰的变量系数，反映各因素对违约概率的影响方向和程度，有助于业务人员制定针对性的风险管理策略。

其次，逻辑回归模型对数据的适应性较强。它不需要数据满足严格的分布假设，如正态分布等，因此在实际应用中更加灵活和实用。此外，逻辑回归模型还能够处理多种类型的数据，包括连续变量、离散变量和分类变量等，进一步扩大了其应用范围。在信用评估中，客户数据往往包含多种类型的信息，如年龄、收入、职业、信用记录等，逻辑回归模型能够充分利用这些信息，提高模型的预测精度。

最后，逻辑回归模型具有计算效率高、易于实现的优势。相比于一些复杂的机器学习模型，如深度学习、随机森林等，逻辑回归模型的计算复杂度较低，训练速度较快。同时，它还具有丰富的软件实现工具，如 Python 的 scikit-learn 库、R 语言的 glm 函数等，使得模型构建和验证过程更加便捷和高效。在信用评估中，快速响应和高效处理是至关重要的，逻辑回归模型正好满足了这一需求。

（二）逻辑回归模型在信用评估中的局限性

尽管逻辑回归模型在信用评估中具有诸多优势，但也存在一些局限性，这些局限性限制了其在某些复杂场景下的应用效果。

首先，逻辑回归模型对非线性关系的处理能力较弱。它基于线性假设进行建模，无法直接捕捉变量之间的非线性关系。在信用评估中，变量之间往往存在复杂的非线性相互作用，如收入与违约概率之间可能呈现非线性关系。此时，逻辑回归模型可能无法准确反映这种关系，导致模型预测精度下降。为了克服这一局限性，可以尝试使用多项式回归、核技巧等方法对变量进行非线性变换，或者采用其他能够处理非线性关系的模型进行建模。

其次，逻辑回归模型对异常值和缺失值较为敏感。在信用评估中，数据往往存在缺失和异常值问题，这些问题可能对模型性能产生不利影响。逻辑回归模型在训练过程中容易受到异常值的影响，导致模型参数偏离真实值；同时，对于缺失值的处理也需要谨慎处理，否则可能引入额外的误差。为了降低这种敏感性，可以在数据预处理阶段进行异常值检测和缺失值填充等操作，以提高数据质量和模型稳定性。

最后，逻辑回归模型在处理高维数据时可能面临挑战。随着信用评估数据的不断增加和复杂化，特征维度可能变得非常高。在高维空间中，逻辑回归模型可能面临过拟合风险增加、计算复杂度提高等问题。为了应对这一挑战，可以采用降维技术、正则化方法或集成学习等方法来优化模型结构和提高模型性能。同时，也可以考虑使用其他更适合处理高维数据的机器学习模型进行建模。

（三）逻辑回归模型在信用评估中的未来发展趋势

随着金融科技和大数据技术的不断发展，信用评估领域正面临着前所未有的变革和机遇。逻辑回归模型作为该领域的经典方法之一，其未来发展趋势也备受关注。

一方面，随着数据量的不断增加和计算能力的提升，逻辑回归模型将更加注重模型的复杂性和准确性。通过引入非线性变换、特征交互项等方法来增强模型的表达能力；同时，利用正则化技术、集成学习等方法来优化模型结构和提高模型性能。这些努力将有助于提升逻辑回归模型在复杂场景下的预测精度和泛化能力。

另一方面，随着人工智能技术的不断发展，逻辑回归模型将与其他机器学习模型进行深度融合和协同创新。例如，可以将逻辑回归模型与深度学习模型相结合，利用深度学习模型强大的特征提取能力来优化逻辑回归模型的输入特征；或者将逻辑回归模型作为集成学习框架中的一个基模型，通过多个模型的组合来提高整体预测性能。这些融合创新将有助于推动逻辑回归模型在信用评估领域的应用和发展。

此外，随着监管政策的不断完善和合规要求的提高，逻辑回归模型在信用评估中的应用也将更加注重模型的透明度和可解释性。这要求模型在保持高性能的同时，还需要能够提供清晰的决策路径和解释说明。因此，未来逻辑回归模型的发展将更加注重模型的优化和解释性提升，以满足监管要求和市场需求。

第三节　决策树与随机森林在信贷审批中的实践

一、决策树算法原理及其在信贷审批中的应用

（一）决策树算法原理概述

决策树算法是一种基于树形结构的分类与回归方法，它通过递归地选择最优特征对数据进行划分，并构建出树状结构。在决策树的构建过程中，每个内部节点代表一个特征属性的判断条件，每个分支代表一个判断条件的输出，而每个叶子节点则代表一种分类结果或回归数值。决策树算法的核心在于如何选择合适的特征进行划分，以及如何确定划分的停止条件。

在分类问题中，决策树算法通常采用信息增益、增益率或基尼指数等指标来选择最优特征。这些指标衡量了数据在特征划分前后的纯度变化，选择使得纯度变化最大的特征作为当前节点的划分特征。通过不断地选择最优特征和划分数据集，决策树算法能够逐渐构建出完整的树形结构，实现对新数据的分类预测。

（二）决策树算法在信贷审批中的应用

在信贷审批领域，决策树算法因其直观易理解、易于实现和解释性强等特点而得到广泛应用。信贷审批是一个典型的分类问题，即根据客户的个人信息、财务状况和贷款申请信息等数据，判断客户是否具备还款能力并决定是否批准其贷款申请。

决策树算法在信贷审批中的应用主要体现在以下几个方面：

1. 特征选择

决策树算法能够自动选择对贷款审批结果影响最大的特征进行划分，如客户的信用历史、收入水平、贷款金额等。这些特征在信贷审批中具有重要的参考价值，能够帮助银行更准确地评估客户的信用风险。

2. 快速审批

决策树算法具有较快的计算速度和较低的计算复杂度，能够在短时间内处理大量贷款申请数据，并给出审批结果。这有助于银行提高信贷审批效率，缩短客户等待时间，提升客户满意度。

3. 模型解释性

决策树算法生成的模型易于理解和解释，能够清晰地展示各特征对审批结果的影响路径和程度。这有助于银行信贷审批人员更好地了解模型的工作原理和决策依据，提高审批过程的透明度和公正性。

（三）随机森林算法在信贷审批中的优势

随机森林算法是一种基于决策树的集成学习方法，它通过构建多个决策树并对其进行组合来提高模型的预测性能和泛化能力。在信贷审批领域，随机森林算法相比单一决策树具有以下优势：

1. 降低过拟合风险

随机森林算法通过构建多个决策树并对其进行平均或投票来降低单个决策树可能存在的过拟合风险。这有助于提高模型在未知数据上的预测性能，确保审批结果的准确性和稳定性。

2. 提高预测精度随机森林算法通过集成多个决策树的预测结果来提高整体预测精度。每个决策树都独立地选择特征和划分数据集，使得模型能够捕捉到更多的数据特征和规律，从而提高审批结果的准确性。

3. 处理高维数据

随机森林算法能够处理包含大量特征的高维数据，并通过特征选择机制筛选出对审批结果影响最大的特征。这有助于降低数据的维度和复杂度，提高模型的计算效率和性能。

（四）决策树与随机森林在信贷审批中的实践建议

在信贷审批领域应用决策树和随机森林算法时，需要注意以下几个方面：

1. 数据预处理

确保数据的准确性和完整性，对缺失值和异常值进行合理处理。同时，对数据进行标准化或归一化处理，以提高模型的训练效率和预测性能。

2. 特征选择

根据业务需求和数据特点选择合适的特征进行建模。在决策树构建过程中，可以通过计算信息增益等指标来选择最优特征；在随机森林算法中，可以通过设置特征重要性阈值来筛选关键特征。

3. 模型评估与优化

通过交叉验证等方法对模型进行评估，确保模型在未知数据上的预测性能。同时，根据评估结果对模型进行优化和调整，如调整决策树的深度、剪枝策略或随机森林中决策树的数量等参数。

4. 合规性与安全性

在信贷审批模型的应用过程中,需要遵守相关法律法规和监管要求,确保数据的合法性和安全性。同时,建立严格的数据访问和使用权限管理机制,防止数据泄露和滥用。

二、随机森林算法在信贷审批中的优势

(一)随机森林算法在信贷审批中的稳定性与鲁棒性

在信贷审批领域,模型的稳定性和鲁棒性是至关重要的。随机森林算法通过集成多个决策树来构建模型,这种集成策略显著增强了模型的稳定性和鲁棒性。首先,由于每个决策树都是基于独立采样的数据子集进行训练的,因此它们之间的相关性较低,这有助于减少模型对特定数据集的过拟合现象。其次,随机森林在构建每棵决策树时还引入了特征的随机选择,这进一步增加了模型的多样性,使得整个模型对噪声和异常值具有更强的抵抗能力。因此,在信贷审批中,随机森林算法能够提供更稳定、更可靠的审批结果,降低因模型波动而导致的误判风险。

(二)随机森林算法在特征选择上的优势

信贷审批涉及众多特征,包括客户的个人信息、财务状况、信用历史等多个方面。如何有效地选择和利用这些特征,对于提高审批模型的准确性和效率至关重要。随机森林算法在特征选择方面展现出显著的优势。首先,随机森林能够自动评估每个特征的重要性,通过计算特征在模型构建过程中的贡献度来排序,从而帮助信贷审批人员快速识别出对审批结果影响最大的关键特征。其次,随机森林的集成特性使得它能够在一定程度上容忍不相关或冗余的特征,因为这些特征在单个决策树中可能不会产生显著影响,但在整个森林中会被平均化,从而减少对整体模型性能的负面影响。因此,随机森林算法在信贷审批中能够更有效地利用特征信息,提高审批模型的准确性和效率。

(三)随机森林算法在处理非线性关系上的能力

信贷审批中的变量关系往往复杂且非线性,传统的线性模型可能难以准确捕捉这些关系。而随机森林算法作为一种非参数化的集成学习方法,不依赖于数据的具体分布假设,能够灵活地处理各种非线性关系。在信贷审批中,随机森林通过构建多个决策树来模拟复杂的非线性决策边界,每个决策树都尝试从不同的角度和层面来划分数据空间,最终通过集成这些决策树的预测结果来得到整体的审批决策。这种机制使得随机森林能够更准确地捕捉信贷审批中的非线性关系,提高审批模型的预测精度和泛化能力。

(四)随机森林算法在信贷审批中的可解释性与透明度

尽管信贷审批模型需要追求高预测精度和效率,但其可解释性和透明度同样重要。随机森林算法在保持较高预测性能的同时,也提供了相对较好的可解释性和透明度。首先,随机森林中的每棵决策树都是可解释的,它们通过一系列的规则或条件来划分数据空间,并给出相应的预测结果。这些规则或条件可以直观地展示给信贷审批人员,帮助他们理解模型是如何做出决策的。其次,随机森林算法还提供了特征重要性的评估方法,使得信贷审批人员能够清晰地看到哪些特征对审批结果影响最大,从而更有针对性地调整审批策略。此外,随机森林算法还允许通过调整参数(如决策树的数量、最大深度等)来平衡模型的复杂度和可解释性,以满足不同场景下的需求。因此,在信贷审批中,随机森林算法不仅能够提供准确的审批结果,还能够保持较高的可解释性和透明度,有助于提升信贷审批的公正性和透明度。

三、随机森林模型构建与特征重要性分析

(一)随机森林模型构建的流程与细节

在信贷审批领域,构建一个高效且准确的随机森林模型是一个系统性的过程,涉及数据预处理、模型参数设定、模型训练与验证等多个环节。首先,数据预处

理是构建随机森林模型的基础，包括数据清洗（去除重复、缺失和异常值）、特征选择（基于业务理解和初步统计分析筛选出相关特征）以及数据归一化或标准化（以确保各特征在模型训练中具有相同的权重）。其次，模型参数设定是构建随机森林模型的关键步骤，包括决策树的数量、决策树的最大深度、每个节点分裂所需的最小样本数、叶节点所需的最小样本数等，这些参数直接影响模型的复杂度和泛化能力。在参数设定时，通常采用交叉验证的方法，通过对比不同参数组合下的模型性能，选择最优的参数组合。最后，模型训练与验证是构建随机森林模型的核心环节，利用预处理后的数据和设定的参数，通过随机采样的方式构建多棵决策树，并将它们组合成随机森林模型。同时，利用验证集对模型性能进行评估，包括准确率、召回率、F1分数等指标，以确保模型在未知数据上的泛化能力。

（二）特征重要性评估的原理与应用

在随机森林模型中，特征重要性评估是一个重要的环节，它有助于信贷审批人员理解哪些特征对审批结果具有更大的影响，从而指导后续的策略制定和优化。随机森林算法提供了多种特征重要性评估的方法，其中最常用的是基于不纯度减少（如基尼不纯度或信息增益）的方法。这种方法的基本思想是，如果一个特征在决策树的构建过程中能够显著降低节点的不纯度，那么该特征就被认为是重要的。在随机森林中，每棵决策树都会计算出自己的特征重要性，然后通过平均或加权的方式得到整个森林的特征重要性排序。通过特征重要性评估，信贷审批人员可以清晰地看到哪些特征对审批结果具有决定性影响，进而在信贷审批流程中给予更多的关注和权重。

（三）随机森林模型调优的策略与技巧

为了提高随机森林模型在信贷审批中的性能，模型调优是一个不可或缺的环节。首先，可以通过调整模型参数来优化模型性能。例如，增加决策树的数量可以提高模型的稳定性，但过多的决策树也会增加计算成本和时间；增大决策树的最大深度可以使模型学习到更复杂的数据关系，但也可能导致过拟合。因此，在调整参数时需要权衡模型的准确性和效率。其次，可以采用特征选择的方法来提升模型性能。通过去除不相关或冗余的特征，可以减少模型的复杂度，提高模型的泛化能力。再次，也可以采用特征工程的方法，如特征交叉、特征变换等，来创造新的特征，进一步挖掘数据的潜在价值。最后，可以采用集成学习的方法，将多个随机森林模型或其他类型的模型进行组合，以进一步提升审批结果的准确性和稳定性。

（四）随机森林模型的可解释性与业务价值

尽管随机森林模型在信贷审批中展现出强大的预测能力，但其可解释性仍然是业务人员和决策者关注的焦点。随机森林模型的可解释性主要体现在其决策过程的透明度和特征重要性的清晰呈现上。通过随机森林模型，业务人员可以直观地看到哪些特征对审批结果具有重要影响，以及这些特征是如何通过不同的决策路径影响最终结果的。这种可解释性不仅有助于业务人员理解模型的工作原理，还能够指导他们根据业务需求对模型进行针对性的优化和调整。此外，随机森林模型还能够为信贷审批提供丰富的业务洞察和决策支持。通过分析特征重要性，业务人员可以发现潜在的信用风险因素和市场趋势，为制定更加科学合理的信贷政策和风险控制策略提供有力支持。同时，随机森林模型还能够实现对客户群体的细分和个性化评估，为提供差异化的信贷服务和提升客户满意度奠定基础。

四、决策树与随机森林模型的比较与选择

（一）决策树与随机森林在信贷审批中的应用优势比较

在信贷审批领域，决策树与随机森林均发挥着重要作用。决策树模型通过构建基于借款人特征（如收入、信用记录、职业等）的决策路径，能够快速预测借款人的还款能力和违约风险。其直观性和易于解释的特点使得银行信贷审批人员

能够轻松理解模型逻辑，从而做出更加科学合理的决策。此外，决策树模型在大型数据集上表现良好，能够快速适应数据变化，提高审批效率。

随机森林模型则通过集成多棵决策树的优势，进一步提高了信贷审批的准确性和稳定性。随机森林能够识别出数据中的复杂模式和异常行为，有效减少误判和漏判的情况。同时，随机森林还能够处理高维数据，无需进行复杂的特征选择或降维处理，大大简化了信贷审批流程。此外，随机森林模型还能够提供变量重要性排序，帮助信贷审批人员更好地理解哪些因素对借款人违约风险的影响最大。

（二）决策树与随机森林在信贷审批中的局限性

尽管决策树与随机森林在信贷审批中具有诸多优势，但也存在一定的局限性。决策树模型由于其简单直观的特点，容易陷入过度拟合的陷阱，尤其是在处理复杂数据集时。此外，决策树模型的预测结果可能受到数据分布和特征选择的影响，导致模型稳定性不足。

随机森林模型虽然通过集成多棵决策树来减少方差和提高稳定性，但其模型复杂度也相应增加。在实时性要求较高的信贷审批场景中，随机森林模型可能因训练耗时较长而难以满足需求。此外，随机森林模型虽然能够处理高维数据，但在特征选择不当或数据质量不高的情况下，也可能导致模型性能下降。

（三）决策树与随机森林在信贷审批中的选择策略

在信贷审批中选择决策树还是随机森林模型，需要根据具体场景和需求进行综合考虑。对于数据量较小、特征维度较低且实时性要求较高的场景，决策树模型可能更为合适。其直观易懂、易于实现可视化的特点有助于信贷审批人员快速理解模型逻辑并做出决策。同时，决策树模型的训练速度较快，能够满足实时性要求。

然而，在数据量较大、特征维度较高且对模型准确性和稳定性要求较高的场景下，随机森林模型则更具优势。其通过集成多棵决策树来减少方差和提高稳定性，能够有效应对数据中的复杂模式和异常行为。同时，随机森林模型还能够处理高维数据并提供变量重要性排序等功能，有助于信贷审批人员更好地理解数据并做出更加科学合理的决策。

决策树与随机森林在信贷审批中各有优劣，选择哪种模型需要根据具体场景和需求进行综合考虑。在实际应用中，可以根据数据特点、模型性能要求以及实时性要求等因素来选择合适的模型以提高信贷审批的效率和准确性。

第四节 K-means 聚类分析识别风险群体

一、K-means 聚类分析基础

（一）K-means 聚类分析的基本原理

K-means 聚类分析，作为一种广泛应用的聚类算法，其核心思想在于将数据集中的样本划分为 K 个簇（Cluster），使得每个簇内的样本之间相似度尽可能高，而不同簇之间的样本相似度尽可能低。算法通过迭代的方式，不断优化簇的划分，以达到预定的聚类效果。在每次迭代中，算法首先随机选择 K 个样本作为初始簇中心，然后计算每个样本到各个簇中心的距离，并将每个样本分配到最近的簇中。随后，算法更新每个簇的中心为该簇内所有样本的均值，重复这一过程直至簇中心不再发生显著变化或达到预设的迭代次数。

K-means 聚类分析之所以能够在风险群体识别中发挥重要作用，是因为它能够自动地将具有相似风险特征的个体聚集成群，为风险评估和管理提供有力的数据支持。通过 K-means 聚类，企业可以快速识别出高风险、中风险和低风险等不同群体，进而针对不同群体制定差异化的风险管理策略。

（二）K-means在风险群体识别中的应用优势

在风险群体识别领域，K-means聚类分析展现出多方面的优势。首先，K-means算法原理简单，易于实现，能够快速地处理大规模数据集，满足企业对于高效风险管理的需求。其次，K-means聚类结果直观易懂，通过可视化手段可以清晰地展示不同风险群体的分布特征，为决策者提供直观的参考依据。最后，K-means算法具有良好的可扩展性，可以与其他机器学习算法结合使用，进一步提升风险识别的准确性和效率。

具体而言，在信贷风险管理中，K-means聚类可以帮助银行识别出具有不同违约风险的客户群体。通过对客户的信用记录、收入水平、职业背景等特征进行聚类分析，银行可以将客户划分为高风险、中风险和低风险等不同群体，进而针对不同群体实施差异化的信贷政策和风险控制措施。在金融欺诈检测中，K-means聚类同样能够发挥重要作用。通过对交易数据、用户行为等特征进行聚类分析，可以识别出具有异常交易模式的群体，进而对潜在的欺诈行为进行预警和干预。

二、K-means的变量选择与数据预处理

（一）变量选择的重要性与原则

在K-means聚类分析识别风险群体的过程中，变量选择是至关重要的一步。合理的变量选择能够直接影响聚类结果的有效性和准确性。变量选择的重要性在于它能够去除冗余信息、降低数据维度、提高算法效率，并使得聚类结果更加符合实际业务场景的需求。

在选择变量时，应遵循以下原则：首先，变量应与目标风险群体紧密相关，能够反映风险群体的核心特征；其次，变量之间应避免高度相关性，以减少冗余信息对聚类结果的影响；再次，变量的可获取性和可靠性也是选择过程中需要考虑的重要因素；最后，变量的选择应基于业务理解和数据探索的结果，确保所选变量能够真实反映风险群体的差异。

（二）数据预处理的必要性与方法

数据预处理是 K-means 聚类分析前不可或缺的一步。由于原始数据中可能存在缺失值、异常值、噪声等问题，这些问题如果不经过处理，将直接影响聚类结果的质量。因此，数据预处理是确保聚类分析准确性和有效性的关键。

数据预处理的必要性在于它能够清洗数据、填补缺失值、处理异常值、标准化数据等，从而改善数据质量，提高聚类算法的稳定性。常用的数据预处理方法包括：缺失值处理（如均值填充、众数填充、插值法等）、异常值检测与处理（如基于统计量的方法、基于距离的方法等）、数据标准化或归一化（如 Z-score 标准化、Min-Max 归一化等）以及数据变换（如对数变换、Box-Cox 变换等）。这些方法能够有效地改善数据分布，提高聚类算法的性能。

（三）变量选择与数据预处理对聚类结果的影响

变量选择与数据预处理对 K-means 聚类分析的结果具有显著影响。合理的变量选择能够确保聚类结果能够真实反映风险群体的核心特征，避免冗余信息和无关变量的干扰。同时，数据预处理能够改善数据质量，提高聚类算法的准确性和稳定性。具体来说，缺失值处理能够避免算法因缺失数据而产生偏差；异常值处理能够消除极端值对聚类结果的影响；数据标准化或归一化能够消除不同变量量纲和量级的差异，使得聚类算法能够在同一尺度上进行比较；数据变换则能够改善数据的分布特性，使得聚类算法更加适用于非球形分布的数据集。

（四）变量选择与数据预处理的实践策略

在实践中，变量选择与数据预处理的策略应根据具体业务场景和数据特点来制定。首先，应基于业务理解和数据探索的结果来选择与风险群体紧密相关的变量；其次，应对所选变量进行相关性分析，去除高度相关的冗余变量；同时，应对数据进行缺失值处理、异常值检测与处理以及标准化或归一化处理；最后，根据数据分布特性和聚类算法的需求选择适当的数据变换方法。

此外，还应注意以下几点实践策略：一是变量选择和数据预处理应是一个迭代的过程，需要根据聚类结果和业务需求不断调整和优化；二是应关注数据的时效性和代表性，确保所选变量和数据能够真实反映当前业务环境和风险特征；三是应充分利用现有的数据处理工具和库函数来提高变量选择与数据预处理的效率和准确性。

（五）未来趋势与展望

随着大数据和人工智能技术的不断发展，变量选择与数据预处理在风险群体识别中的应用也将不断演进。未来，我们可以期待看到以下几个方面的趋势：一是自动化和智能化的变量选择方法将更加普及，能够基于数据特点和业务需求自动推荐和选择最优变量；二是数据预处理技术将更加高效和精准，能够处理更大规模、更复杂的数据集；三是集成学习和深度学习等先进算法将与 K-means 聚类分析相结合，形成更加复杂和强大的风险识别模型；四是实时数据处理和流式数据处理技术将得到广泛应用，以满足对实时风险监控和预警的需求。这些趋势将推动风险群体识别的进一步发展，为企业提供更加精准、高效的风险管理服务。

三、K-means 聚类过程与结果解读

（一）K-means 聚类过程的详细解析

K-means 聚类分析识别风险群体的过程是一个迭代优化的过程，旨在将数据集中的样本划分为 K 个簇，使得每个簇内的样本相似度最高，而不同簇之间的样本相似度最低。这一过程主要包括以下几个步骤：

初始化聚类中心：首先，需要从数据集中随机选择 K 个样本作为初始聚类中心。这些聚类中心将作为迭代的起点，用于后续的数据分配和中心更新。

数据分配：接下来，对于数据集中的每个样本，计算其到各个聚类中心的距离，并将其分配给距离最近的聚类中心所属的簇。这一步是基于距离的相似性度量，常用的距离度量包括欧氏距离、曼哈顿距离等。

聚类中心更新：在数据分配完成后，需要更新每个簇的聚类中心。通常，新的聚类中心会被设置为该簇内所有样本的均值（或中位数等），以更好地反映簇内样本的分布特征。

迭代收敛：重复上述的数据分配和聚类中心更新步骤，直到满足一定的收敛条件，如聚类中心的变化小于某个阈值或达到预设的迭代次数。此时，认为聚类结果已经稳定，聚类过程结束。

（二）K-means 聚类结果的解读与评估

K-means 聚类分析的结果是一组簇的划分，每个簇包含了一组具有相似特征的样本。对于风险群体识别而言，这些簇可以代表不同的风险水平或风险类型。因此，对聚类结果的解读和评估是至关重要的。

聚类结果的可视化：通过数据可视化技术，如散点图、热力图等，可以直观地展示聚类结果。这有助于我们理解不同簇之间的分布特征和相互关系，以及它们与风险因素的关联。

聚类特征的提取：对于每个簇，可以计算其统计特征，如均值、标准差、中位数等，以了解该簇内样本的共性和差异。同时，还可以分析簇内样本的相似性度量指标，如簇内距离、簇间距离等，以评估聚类的紧密程度和分离程度。

聚类效果的评估：聚类效果的评估通常依赖于一些量化指标，如轮廓系数（Silhouette Coefficient）、Calinski-Harabasz 指数等。这些指标能够综合考虑簇内紧密度和簇间分离度，从而评估聚类结果的质量。此外，还可以通过交叉验证等方法来验证聚类结果的稳定性和可靠性。

（三）K-means 聚类在风险群体识别中的应用与挑战

K-means 聚类分析在风险群体识别中具有广泛的应用前景，但同时也面临着一些挑战。

1. 应用前景

通过 K-means 聚类分析，企业可以快速识别出具有相似风险特征的客户群体，为风险管理和营销策略的制定提供有力支持。例如，在信贷风险管理中，可以利用 K-means 聚类分析识别出高风险和低风险的客户群体，从而采取差异化的信贷政策和风险控制措施。在金融欺诈检测中，也可以通过聚类分析发现异常交易模式，提高欺诈识别的准确性和效率。

2. 面临的挑战

然而，K-means 聚类分析在风险群体识别中也面临着一些挑战。首先，K 值的选择是一个关键问题，不同的 K 值可能导致不同的聚类结果。其次，聚类结果的可解释性也是一个挑战，如何向非专业人士清晰地解释聚类结果是一个需要解决的问题。此外，K-means 聚类算法对初始聚类中心的选择较为敏感，不同的初始值可能导致不同的聚类结果。同时，算法对噪声和异常值也较为敏感，可能会影响聚类结果的准确性。

针对这些挑战，可以采取一些策略来改进 K-means 聚类分析在风险群体识别中的应用效果。例如，可以通过交叉验证等方法来选择最优的 K 值；利用领域知识和专家意见来解释聚类结果；采用更加稳健的聚类算法来处理噪声和异常值等问题。同时，还可以结合其他机器学习算法和技术手段来提高聚类分析的准确性和可靠性。

第六章 投资组合优化

第一节 现代投资组合理论简介

一、现代投资组合理论的起源与发展

（一）理论起源：风险分散的初步探索

现代投资组合理论的起源可追溯至20世纪30年代，尽管当时尚未形成系统的理论体系，但经济学家们已经开始关注风险分散对于投资组合的重要性。约翰·R.希克斯在其《关于简化货币理论的建议》一文中指出，将资金分散投资于多个风险项目，可以有效降低整体投资风险，这一观点为现代投资组合理论奠定了思想基础。然而，真正标志现代投资组合理论诞生的，是哈里·马克维茨在1952年发表的《资产组合选择：投资的有效分散化》一文。马克维茨首次提出了均值-方差分析方法，通过量化风险和收益，构建了确定最佳资产组合的数学模型，这一成果不仅奠定了现代投资组合理论的基础，也标志着现代金融学的重大突破。

（二）理论发展：从均值-方差分析到CAPM模型

在马克维茨的均值-方差分析框架下，投资组合的期望收益是各资产收益的加权平均，但其风险并非各资产风险的简单平均，而是取决于资产间的相关性。这一发现极大地推动了投资组合理论的发展。随后，威廉·夏普等在马克维茨的基础上，进一步提出了资本资产定价模型（CAPM）。CAPM模型揭示了资产预期收益率与风险之间的线性关系，即资产的预期收益率等于无风险利率加上风险

溢价，其中风险溢价与资产的 β 系数（衡量系统性风险的指标）成正比。CAPM模型不仅为投资组合分析提供了可操作的框架，也为金融市场中的资产定价提供了理论依据，是现代金融市场价格理论的支柱。

（三）理论深化：从 CAPM 到 APT 模型及其他理论

随着金融市场的不断发展和理论研究的深入，现代投资组合理论也在不断丰富和完善。针对 CAPM 模型在某些方面的局限性，如假设条件过于严格、无法解释某些市场异象等，经济学家们提出了许多改进和扩展模型。其中，套利定价理论（APT）是较为重要的一种。APT 模型放松了 CAPM 的一些假设条件，认为资产的预期收益率不仅受系统性风险影响，还受其他多个因素影响，这些因素通过套利机制共同作用于资产价格。APT 模型的出现，进一步丰富了现代投资组合理论的内容，也为投资者提供了更加灵活多样的投资策略选择。

（四）理论应用：指导实践，促进金融市场发展

现代投资组合理论不仅在理论上具有重要意义，更在实践中得到了广泛应用。它指导投资者通过构建多元化的投资组合来降低非系统性风险，实现风险与收益的最佳平衡。在发达的证券市场中，马科维茨投资组合理论早已被证明是行之有效的，并被广泛应用于组合选择和资产配置。同时，随着金融市场的全球化和复杂化，现代投资组合理论也在不断适应新的市场环境和投资者需求。例如，行为金融学的兴起，就为现代投资组合理论注入了新的活力。行为金融学强调投资者行为和情绪对投资决策的影响，弥补了传统金融理论在解释市场异象和投资者行为方面的不足。通过结合行为金融学的研究成果，现代投资组合理论能够更全面地反映市场实际情况，为投资者提供更加科学合理的投资建议。

现代投资组合理论从起源到发展再到深化和应用，经历了一个不断完善和拓展的过程。它不仅为金融市场中的投资决策提供了科学的理论指导，也推动了金融市场的持续健康发展。

二、资产组合的风险与收益关系

在现代投资组合理论的框架下,资产组合的风险与收益关系构成了其核心概念之一。这一关系不仅揭示了投资者在追求高收益时必须面对的风险挑战,也指导着如何通过合理的资产配置来实现风险与收益的最优平衡。

(一)风险分散的基本原理

资产组合的风险分散原理是现代投资组合理论的核心之一。该原理指出,当投资者将资金分散投资于多个不完全相关的资产时,整个投资组合的风险将低于单个资产风险的简单加总。这是因为不同资产之间的价格波动往往存在差异性,某些资产价格上涨时可能伴随着其他资产价格的下跌,这种"此消彼长"的现象有助于降低整个投资组合的总体波动性,即风险。因此,构建多元化的投资组合是降低风险、提高投资组合稳定性的有效途径。

(二)风险与收益的权衡

在资产组合中,风险与收益之间存在着密切的权衡关系。一般来说,高风险往往伴随着高收益,而低风险则对应着较低的收益。这种权衡关系体现在投资组合的构建过程中,即投资者需要根据自身的风险承受能力、投资目标和市场情况等因素,在风险与收益之间做出合理的选择。具体而言,投资者可以通过增加高风险高收益资产的比重来提高投资组合的预期收益率,但同时也需要承担相应的风险增加;相反,降低高风险资产的配置比例则可以降低投资组合的整体风险,但也可能导致收益水平的下降。因此,在构建资产组合时,投资者需要仔细权衡风险与收益的关系,以实现个人风险偏好与收益目标的最佳匹配。

(三)资本资产定价模型(CAPM)的启示

资本资产定价模型(CAPM)为理解资产组合的风险与收益关系提供了重要的理论支撑。CAPM模型认为,资产的预期收益率等于无风险利率加上风险溢价,其中风险溢价与资产的 β 系数(衡量系统性风险的指标)成正比。这一模型揭示了资产收益与其所承担风险之间的内在联系：系统性风险越高的资产，其预期收益率也越高；反之，系统性风险较低的资产则对应着较低的预期收益率。因此，在构建资产组合时，投资者可以根据 CAPM 模型的预测结果来评估不同资产的风险与收益特征，并据此进行资产配置决策。同时，CAPM 模型还强调了市场组合在资产配置中的重要性，即投资者应尽可能地将资金投资于与市场整体表现密切相关的资产上，以获取市场平均水平的收益率并降低非系统性风险。

（四）风险管理在资产组合构建中的作用

在资产组合构建过程中，风险管理发挥着至关重要的作用。有效的风险管理不仅有助于降低投资组合的整体风险水平，还能提高投资组合的稳健性和抗冲击能力。为了实现这一目标，投资者需要采取一系列风险管理措施。首先，通过多元化投资来分散风险；其次，利用金融衍生品等风险管理工具来对冲风险或转移风险；再次，定期对投资组合进行风险评估和调整，以确保其始终符合投资者的风险承受能力和收益目标；最后，加强市场监测和预警机制建设，及时发现并应对潜在的市场风险。通过这些措施的实施，投资者可以更加有效地管理资产组合的风险与收益关系，实现个人财富的长期稳健增长。

三、分散化投资的重要性

在现代投资组合理论的基石中，分散化投资无疑占据着举足轻重的地位。它不仅是降低投资组合风险、提高投资效率的关键策略，也是投资者实现长期财务目标的重要保障。

（一）风险降低的基石

分散化投资的首要意义在于显著降低投资组合的总体风险。正如前文所述，不同资产类别的价格波动往往具有非同步性，即一种资产价格下跌时，另一种资产可能保持稳定甚至上涨。通过将资金分散投资于多种不同类型的资产（如股票、债券、商品、房地产等）或同一资产类别中的不同行业、地区乃至公司，投资者可以有效降低单一资产或市场因素对整体投资组合的影响。这种"不把鸡蛋放在一个篮子里"的策略，能够显著降低投资组合的非系统性风险，使投资者在面对市场波动时更加从容不迫。

（二）提高投资效率

分散化投资不仅有助于降低风险，还能在一定程度上提高投资效率。当投资者将资金分散投资于多个具有不同收益特性的资产时，可以形成一种"风险－收益"的互补效应。某些高收益但高风险的资产可能与其他低收益但低风险的资产形成对冲，从而在整体风险可控的前提下提高投资组合的平均收益率。此外，分散化投资还能帮助投资者捕捉更多元化的投资机会，避免过度集中于某一领域或市场而导致的"错失良机"。

（三）适应市场变化

市场环境是不断变化的，不同的经济周期、政策环境、国际形势等都可能对各类资产的表现产生深远影响。分散化投资有助于投资者更好地适应这些市场变化。通过构建多元化的投资组合，投资者可以确保在任何市场环境下都有部分资产表现良好，从而在一定程度上抵消其他资产的负面影响。这种灵活性和适应性使得分散化投资成为投资者应对市场不确定性的重要手段。

（四）实现长期财务目标

最终，分散化投资的重要性体现在它有助于投资者实现长期的财务目标。无论是为退休生活积累财富、为子女教育提供资金支持还是实现其他个人或家庭目标，都需要一个稳健、可持续的投资策略来支撑。分散化投资正是这样一种策略，它通过降低风险、提高投资效率、适应市场变化等方式，为投资者提供了一个相对安全、可靠的投资框架。在这个框架下，投资者可以更加专注于长期的投资规划和策略执行，而无需过分担心短期市场波动对投资组合的影响。因此，对于追求长期财务成功的投资者而言，分散化投资无疑是一个不可或缺的重要工具。

四、现代投资组合理论的核心思想

现代投资组合理论（modern portfolio theory, MPT）作为现代金融学的基石，其核心思想深刻影响了全球投资者的决策方式和金融市场的发展。

现代投资组合理论首先强调了风险与收益之间的权衡关系。这一思想打破了传统观念中"高风险高收益、低风险低收益"的简单对应，指出通过合理的资产配置和组合优化，投资者可以在控制风险的同时追求较高的收益。MPT认为，投资者在构建投资组合时，应综合考虑资产的预期收益率、标准差（衡量风险）以及资产间的相关系数（衡量相关性），以找到在给定风险水平下预期收益最高的投资组合。这种权衡关系不仅为投资者提供了科学的决策依据，也促进了金融市场资源的有效配置。

（二）分散化投资的优势

分散化投资是现代投资组合理论的另一核心思想。该理论指出，将资金分散投资于多个不完全相关的资产中，可以有效降低投资组合的整体风险。这是因为不同资产之间的价格波动往往存在差异性，当某些资产价格下跌时，其他资产可能保持稳定甚至上涨，从而在一定程度上抵消了单一资产带来的风险。此外，分散化投资还能帮助投资者捕捉更多元化的投资机会，提高投资组合的多样性和稳定性。因此，MPT鼓励投资者在构建投资组合时采取分散化策略，以实现风险与收益的最优平衡。

（三）效率前沿与最优投资组合

现代投资组合理论还提出了效率前沿的概念，即在给定风险水平下，能够实现最高预期收益的投资组合集合。这些投资组合构成了效率前沿上的点，代表了风险与收益之间的最佳权衡。MPT认为，投资者应在效率前沿上选择合适的投资组合，以同时满足其风险承受能力和收益目标。为了实现这一目标，投资者需要运用数学模型和统计方法，对各类资产的预期收益率、风险以及相关性进行精确估计和计算,从而构建出最优的投资组合。这一过程不仅考验着投资者的专业素养和计算能力,也促进了金融工程学和量化投资等领域的发展。

(四)市场有效性与理性投资者假设

现代投资组合理论还基于一系列理论假设,其中市场有效性和理性投资者假设尤为重要。市场有效性假设认为,所有可获得的信息都已充分反映在资产价格中,投资者无法通过分析历史数据或内幕消息获取超额收益。这一假设为 MPT 提供了坚实的理论基础,使得投资者在构建投资组合时无需过分关注个别资产的短期波动,而应关注整个市场的长期趋势和资产配置的优化。同时,理性投资者假设认为,投资者会根据预期收益和风险做出理性的投资决策,追求效用最大化。这一假设虽然在实际市场中可能受到各种因素的影响而难以完全实现,但它为投资者提供了理性的决策框架和参考标准,有助于引导投资者在复杂多变的市场环境中保持冷静和理性。

第二节 均值-方差模型与有效前沿

一、均值-方差模型的基本原理

均值-方差模型(mean-variance model)作为现代投资组合理论的核心分析工具,其基本原理为投资者提供了量化评估投资组合风险与收益之间关系的框架。

(一)预期收益率的衡量

均值-方差模型以投资组合的预期收益率作为衡量投资回报的主要指标。预期收益率是对未来投资成果的一种预期或估计,它基于历史数据、市场趋势、经济环境等多方面因素进行预测。在均值-方差模型中,投资组合的预期收益率是其各构成资产预期收益率的加权平均数,权重为该资产在投资组合中的资金分配比例。这一指标为投资者提供了直观的收益预期，有助于他们在构建投资组合时进行收益与风险的权衡。

（二）风险的量化与评估

风险是投资过程中不可避免的因素，均值－方差模型通过方差（或标准差）这一统计量来量化评估投资组合的风险水平。方差衡量的是投资组合收益率围绕其预期收益率的波动程度，反映了投资组合收益的不确定性。在均值－方差模型中，投资组合的总体方差不仅取决于各构成资产自身的方差，还受到资产间协方差的影响。协方差表示的是两种资产收益率变动之间的相关性，正协方差意味着两种资产同向变动，增加投资组合风险；负协方差则可能降低整体风险。因此，通过计算投资组合的方差，投资者可以全面了解其风险特征，为风险管理提供依据。

（三）均值－方差最优化的目标

均值－方差模型的核心在于实现投资组合的均值－方差最优化。这一目标要求投资者在给定风险水平下追求最高的预期收益率，或在给定预期收益率下寻求最低的风险水平。换句话说，投资者希望找到位于效率前沿上的投资组合，这些组合在风险与收益之间达到了最优的权衡。为了实现这一目标，投资者需要运用数学规划方法，在投资组合的预期收益率和方差之间进行权衡和取舍，从而构建出符合个人风险偏好和投资目标的投资组合。

（四）模型的假设与局限性

均值－方差模型虽然为投资者提供了强有力的分析工具，但其建立在一系列假设之上，这些假设在现实中可能难以完全满足。例如，模型假设投资者是风险厌恶的，且其效用函数是二次的或凹的；同时，模型还假设市场是有效的，所有信息都已充分反映在资产价格中。然而，实际市场中投资者行为可能受到多种因素的影响，如心理因素、行为偏差等；此外，市场也并非完全有效，信息不对称、交易成本等因素都可能影响投资决策。因此，在应用均值－方差模型时，投资者需要认识到其局限性，并结合实际情况进行灵活调整和优化。同时，随着金融市场的不断发展和创新，均值－方差模型也在不断演进和完善，以更好地适应复杂多变的投资环境。

二、均值－方差模型的假设与限制

均值－方差模型作为现代投资组合理论的核心工具，其强大的分析能力和广泛的应用价值不可忽视。然而，这一模型在构建和应用过程中也基于一系列假设，并存在一定的限制。

（一）投资者行为的假设

均值－方差模型首先假设投资者是理性的，他们追求在给定风险水平下的最大预期收益，或在给定预期收益下的最小风险。这一假设忽略了投资者在实际决策过程中可能受到的心理因素、行为偏差以及非财务目标的影响。实际上，投资者在面对复杂多变的金融市场时，往往会受到恐惧、贪婪、过度自信等情绪的影响，从而做出非理性的投资决策。此外，均值－方差模型还假设投资者具有同质性，即所有投资者都使用相同的信息和相同的分析方法来评估投资机会。然而，在现实中，不同投资者的风险偏好、投资目标、时间跨度以及信息获取能力都存在差异，这导致他们的投资决策也各不相同。

（二）市场有效性的假设

均值－方差模型还假设市场是有效的，即所有可获得的信息都已充分反映在资产价格中，投资者无法通过分析历史数据或内幕消息来获取超额收益。这一假设是均值－方差模型有效性的重要前提。然而，在现实中，市场并非完全有效。信息不对称、交易成本、税收影响以及市场摩擦等因素都可能影响投资者的决策和资产价格的形成。此外，市场还可能受到突发事件、政策变动、市场情绪等多种因素的影响，导致资产价格出现短期波动甚至长期偏离其内在价值。

（三）输入参数的准确性问题

均值-方差模型的计算结果高度依赖于输入参数的准确性，包括各资产的预期收益率、方差以及它们之间的协方差等。然而，这些参数在现实中往往难以准确估计。预期收益率的预测受到多种不确定因素的影响，如宏观经济环境、行业发展趋势、企业经营管理状况等；方差和协方差的计算也受到样本数据有限性、统计误差以及市场结构变化等因素的影响。因此，均值-方差模型的计算结果可能存在一定的误差和不确定性。

（四）模型应用的局限性

尽管均值-方差模型在理论上具有很高的应用价值，但在实际应用中也存在一定的局限性。首先，模型忽略了资产之间的非线性关系和动态变化特性，如资产价格跳跃、波动率聚集等现象。这可能导致模型在极端市场条件下的预测能力下降。其次，模型假设投资者可以无限细分地持有资产组合中的每一种资产，但在现实中，由于交易成本、流动性限制以及投资门槛等因素的存在，投资者往往难以完全按照模型建议的比例进行投资。此外，均值-方差模型还忽略了投资者对流动性的需求以及对特定资产的偏好等非财务因素，这些因素在实际投资决策中同样具有重要影响。

均值-方差模型在提供强大分析工具的同时，也面临着投资者行为假设、市场有效性假设、输入参数准确性以及模型应用局限性等多方面的挑战。因此，在使用均值-方差模型进行投资组合选择时，投资者需要充分考虑这些假设与限制，并结合实际情况进行灵活调整和优化。

三、有效前沿的概念与计算

在均值-方差模型的框架下，有效前沿（efficient frontier）是一个核心概念，它代表了所有在给定风险水平下能提供最高预期收益率的投资组合集合。

(一)有效前沿的定义与意义

有效前沿是投资组合理论中的一个关键概念,它描绘了在风险与收益二维空间中,所有可能投资组合构成的边界上的一部分,这些投资组合在给定风险水平下具有最高的预期收益率,或者在给定预期收益率下具有最低的风险。有效前沿的存在,为投资者提供了一个清晰的决策边界,使得他们能够在追求高收益的同时,有效控制风险。通过选择位于有效前沿上的投资组合,投资者可以实现风险与收益的最优权衡,满足其特定的投资目标和风险偏好。

(二)有效前沿的计算方法

有效前沿的计算依赖于均值 – 方差模型的数学表达。具体而言,投资者需要首先确定各构成资产的预期收益率、方差以及它们之间的协方差。然后,利用这些参数构建投资组合的预期收益率和方差的数学表达式。接下来,通过数学规划方法(如二次规划)求解在给定风险水平下预期收益率最大化的投资组合,或者在给定预期收益率下风险最小化的投资组合。这些最优解在风险 – 收益平面上形成的轨迹,即为有效前沿。需要注意的是,有效前沿的计算通常较为复杂,需要借助专业的金融软件和算法来完成。

(三)有效前沿的特性与应用

有效前沿具有一系列独特的特性,这些特性对于投资者的决策具有重要意义。首先,有效前沿上的每一点都代表了风险与收益之间的最优权衡,投资者可以根据自己的风险偏好选择最适合自己的投资组合。其次,有效前沿的形状通常呈现出向上凸起的曲线,这反映了风险与收益之间的正相关关系,即随着风险的增加,预期收益率也会相应提高,但提高的幅度会逐渐减小。最后,有效前沿还受到市场条件、资产特性以及投资者偏好等多种因素的影响,这些因素的变化都可能导致有效前沿的移动或变形。

在应用方面,有效前沿为投资者提供了科学的决策依据。通过计算有效前沿，投资者可以全面了解不同风险水平下可能获得的最高预期收益率，从而制定出更加合理和有效的投资策略。同时，有效前沿还可以帮助投资者进行资产配置的优化，通过调整不同资产在投资组合中的比例，实现风险与收益的最佳平衡。此外，有效前沿还可以作为评估投资组合绩效的基准，通过与有效前沿的比较，投资者可以判断自己的投资组合是否达到了最优状态，从而及时调整投资策略以改善绩效。

四、有效前沿在投资组合选择中的应用

有效前沿作为现代投资组合理论的核心组成部分，其在投资组合选择中的应用广泛而深远。它不仅为投资者提供了一个直观的决策框架，还帮助投资者在复杂多变的金融市场中实现风险与收益的最优权衡。

（一）确定投资者的风险偏好与最优投资组合

有效前沿首先帮助投资者明确自身的风险偏好。通过绘制风险-收益图并展示有效前沿，投资者可以清晰地看到不同风险水平下可能获得的最大预期收益率。这一过程促使投资者深入思考自己的风险承受能力、投资目标及时间跨度，从而做出更加合理的投资决策。基于对自身风险偏好的理解，投资者可以在有效前沿上找到符合其需求的最优投资组合。这个组合既能够满足投资者对收益的追求，又能够在其可承受的风险范围内运作，实现了风险与收益的最佳平衡。

（二）指导资产配置与再平衡

有效前沿在指导资产配置方面发挥着重要作用。资产配置是指投资者根据自身的风险偏好、投资目标及市场环境，将资金分配到不同的资产类别中，以实现多元化的投资策略。有效前沿提供了各类资产在不同风险水平下的预期收益信息，有助于投资者进行科学的资产配置决策。投资者可以根据有效前沿的指引，选择那些在不同风险层次上表现良好的资产进行投资，以实现资产组合的多样化和风险分散。此外，随着市场环境的变化和投资者风险偏好的调整，有效前沿也会发

生相应变化。这时，投资者需要根据新的有效前沿进行资产再平衡，以保持投资组合的最优状态。

（三）评估投资组合绩效与动态调整

有效前沿还可以作为评估投资组合绩效的重要基准。通过将投资组合的实际表现与有效前沿进行比较，投资者可以判断其投资组合是否达到了市场最优水平。如果投资组合位于有效前沿之上或附近，说明其表现优异；如果位于有效前沿之下，则表明存在改进空间。这种绩效评估方式有助于投资者及时发现并纠正投资组合中的不足，进而优化投资组合的结构和配置。同时，市场环境和投资者风险偏好的变化都可能导致有效前沿的移动。因此，投资者需要定期重新评估其投资组合与有效前沿的关系，并根据评估结果进行动态调整。这种动态调整机制有助于投资者保持投资组合的竞争力，实现长期稳健的投资回报。

第三节　CAPM 模型与 Beta 系数计算

一、CAPM 模型的基本假设与理论框架

资本资产定价模型（capital asset pricing model，CAPM）是现代金融理论中最重要的模型之一，它揭示了资产预期收益率与风险之间的关系，并为投资者提供了评估资产价格合理性的工具。CAPM 模型建立在一系列严格的基本假设之上，这些假设共同构成了模型的理论框架。

（一）投资者行为与市场预期的一致性

CAPM 模型首先假设所有投资者都是理性的，且他们的投资行为具有一致性。这意味着所有投资者都遵循相同的投资原则，对资产的预期收益率、方差和协方差等参数具有相同的估计。此外，投资者都被视为风险厌恶者，即在面临相同预

期收益的不同资产时，他们会选择风险较小的那一个。这一假设确保了市场上的资产价格能够反映所有投资者的共同预期，从而形成了市场均衡价格。

在市场预期方面，CAPM 模型假设所有投资者都能及时、准确地获取市场信息，并对未来市场走势形成一致的预期。这种市场预期的一致性保证了资产价格能够迅速调整以反映新信息，从而维持市场的有效性。同时，由于投资者都按照相同的预期进行投资，市场上的资产组合也将趋于一致，形成所谓的"市场组合"。市场组合包含了市场上所有可投资资产的一定比例，其风险与收益特征代表了整个市场的平均水平。

（二）无风险资产与资本市场的完全性

CAPM 模型的另一个重要假设是存在一个无风险资产，该资产的收益率是确定的且不受市场波动的影响。投资者可以以无风险利率自由借入或贷出资金，这为投资者提供了构建有效投资组合的便利条件。通过结合无风险资产和市场组合，投资者可以构建出具有不同风险水平和预期收益率的投资组合，从而实现风险与收益的最优权衡。

此外，CAPM 模型还假设资本市场是完全的，即市场上不存在交易成本和税收等摩擦因素，且所有资产都是无限可分的。这种资本市场的完全性保证了投资者能够自由地进行资产买卖和组合调整，从而确保市场价格的连续性和稳定性。同时，它也使得 CAPM 模型能够更准确地描述资产价格的形成机制。

（三）资产收益与市场风险的关系

CAPM 模型的核心在于揭示了资产预期收益率与市场风险之间的关系。模型认为，资产的预期收益率由两部分组成：一是无风险利率，它代表了资金的时间价值；二是风险溢价，它是对投资者承担额外风险的补偿。风险溢价的大小取决于资产的系统性风险（也称为市场风险），即资产收益率与市场整体收益率之间的协方差相对于市场整体收益率方差的比例，这一比例通常用 Beta 系数来表示。

Beta 系数是 CAPM 模型中的一个关键参数，它衡量了资产收益率对市场整体收益率的敏感程度。Beta 系数大于 1 的资产表示其波动性高于市场整体，因此其风险溢价也相对较高；Beta 系数小于 1 的资产则表示其波动性低于市场整体，其风险溢价相对较低；而 Beta 系数等于 1 的资产则与市场整体波动性相当。通过计算资产的 Beta 系数并将其代入 CAPM 模型公式中，投资者可以估算出资产的预期收益率并评估其价格是否合理。

CAPM 模型的基本假设与理论框架为投资者提供了评估资产价格合理性的有力工具。通过揭示资产预期收益率与市场风险之间的关系并引入 Beta 系数作为衡量系统性风险的指标，CAPM 模型不仅为投资者提供了构建有效投资组合的指导原则还促进了金融市场的稳定和发展。

二、Beta 系数的定义与计算方法

Beta 系数，作为资本资产定价模型（CAPM）中的核心指标，是衡量单个资产或资产组合相对于市场整体波动性的重要工具。它不仅反映了资产与市场之间的关联程度，还直接决定了资产的风险溢价水平。

（一）Beta 系数的定义与含义

Beta 系数，简称 β，是描述资产或资产组合收益率与市场整体收益率之间关系的统计量。具体来说，它衡量了资产收益率变动相对于市场组合收益率变动的敏感程度。当市场组合收益率发生变动时，Beta 系数反映了资产收益率会以何种比例同向变动。Beta 系数的值可以是正数、负数或零，分别表示资产收益率与市场收益率正相关、负相关或无关。

Beta 系数的核心意义在于揭示了资产的系统性风险。系统性风险是指由市场整体因素引起的、影响所有资产价格变动的风险，如宏观经济波动、政策变化等。

（二）Beta 系数的计算方法

Beta 系数的计算通常基于历史数据，通过回归分析来实现。具体来说，投资

者需要收集资产过去一段时间的日、周或月收益率数据，并同时获取对应时间段内市场组合的收益率数据。随后，利用统计软件对数据进行回归分析，以资产收益率为因变量，市场组合收益率为自变量，拟合出两者之间的线性关系式。该关系式中的斜率即为 Beta 系数的估计值。

值得注意的是，Beta 系数的计算受到多种因素的影响，包括样本期间的选择、市场组合的定义以及数据频率等。因此，在实际应用中，投资者需要根据具体情况选择合适的计算方法和参数设置，以确保 Beta 系数的准确性和可靠性。

（三）Beta 系数在金融分析中的应用

Beta 系数在金融分析中具有广泛的应用价值。首先，它是评估资产风险水平的重要指标。通过比较不同资产的 Beta 系数，投资者可以直观地了解各资产之间的风险差异，从而选择符合自己风险偏好的投资组合。其次，Beta 系数也是计算资产预期收益率的重要依据。在 CAPM 模型框架下，资产的预期收益率等于无风险利率加上 Beta 系数乘以市场风险溢价。因此，准确计算 Beta 系数对于评估资产价格是否合理、制定投资策略具有重要意义。

此外，Beta 系数还可以用于投资组合的风险管理。通过调整组合中各资产的 Beta 系数，投资者可以优化组合的风险-收益特征，实现风险分散和收益提升的目标。例如，投资者可以通过增加 Beta 系数较低的资产来降低组合的整体系统性风险；或者通过减少 Beta 系数过高的资产来避免组合过度暴露于市场风险之中。

Beta 系数作为 CAPM 模型中的关键指标，在评估资产风险水平、计算预期收益率以及优化投资组合风险管理等方面发挥着重要作用。投资者应深入理解 Beta 系数的定义、计算方法及其金融分析中的应用价值，以更好地指导自己的投资决策和风险管理实践。

三、CAPM 模型在资产定价中的应用

资本资产定价模型（CAPM）作为现代金融理论的核心之一，其在资产定价

中的应用广泛而深远。CAPM 模型不仅为投资者提供了评估资产预期收益率与风险之间关系的工具，还深刻影响了金融市场中的投资策略与风险管理。

（一）资产预期收益率的估算

CAPM 模型通过公式 $E(R_i) = R_f + \beta_i [E(R_m) - R_f]$ 直接关联了资产的预期收益率与其系统性风险（Beta 系数）之间的关系。这一公式为投资者估算资产的合理预期收益率提供了科学依据。其中，R_f 代表无风险利率，通常使用政府长期债券的收益率作为代表；$E(R_m)$ 是市场组合的预期收益率，反映了市场整体的风险与收益水平；β_i 则是资产 i 的 Beta 系数，衡量了资产相对于市场整体的波动性。通过这一公式，投资者可以量化地评估不同资产在承担相同系统性风险时应有的回报水平，从而做出更为理性的投资决策。

（二）风险与收益的权衡

CAPM 模型强调了风险与收益之间的权衡关系。根据模型，资产的预期收益率不仅取决于无风险利率，还受到其系统性风险的影响。高风险资产（即 Beta 系数较高的资产）往往伴随着更高的预期收益率以补偿投资者承担的风险；而低风险资产则相对收益较低。这种风险与收益的权衡关系为投资者提供了重要的决策依据，有助于他们根据自己的风险承受能力和收益目标来选择合适的投资组合。

（三）市场有效性的检验

CAPM 模型还隐含了市场有效性的假设，即市场能够迅速、准确地反映所有可获得的信息，资产价格能够充分反映其内在价值。在实际应用中，投资者可以通过比较资产的实际收益率与 CAPM 模型预测的收益率来检验市场的有效性。如果两者之间存在显著差异，可能意味着市场存在定价偏差或信息不对称等问题。这种检验不仅有助于投资者识别投资机会和风险，还能促进市场效率的提升和监管的完善。

（四）投资组合的构建与优化

CAPM 模型在投资组合的构建与优化中也发挥着重要作用。通过计算不同资产的 Beta 系数，投资者可以了解它们之间的风险相关性，并据此构建出具有较低整体系统性风险的投资组合。同时，投资者还可以根据 CAPM 模型预测的资产预期收益率来评估投资组合的潜在收益水平，并通过调整组合中各资产的权重来优化风险与收益的平衡。此外，CAPM 模型还为投资者提供了评估新投资机会的标准，即只有当新资产的预期收益率高于其根据 CAPM 模型计算出的合理水平时，才值得纳入投资组合中。

CAPM 模型在资产定价中的应用涵盖了资产预期收益率的估算、风险与收益的权衡、市场有效性的检验以及投资组合的构建与优化等多个方面。它不仅为投资者提供了评估资产价值和制定投资策略的科学工具，还促进了金融市场的健康发展和监管的完善。因此，深入理解和灵活运用 CAPM 模型对于投资者和金融从业者来说具有重要意义。

四、CAPM 模型的优点与局限性

资本资产定价模型（CAPM）作为现代金融理论的重要基石，自其诞生以来便对金融市场产生了深远的影响。CAPM 模型不仅为投资者提供了评估资产风险和收益的工具，还促进了投资组合理论的发展。然而，任何模型都有其两面性，CAPM 模型也不例外。

（一）CAPM 模型的优点

1. 简洁明了，易于理解

CAPM 模型的核心思想是将资产的预期收益率分解为无风险利率和风险溢价两部分，并通过 Beta 系数来衡量资产的系统性风险。这种简洁明了的表达方式使得 CAPM 模型易于被广大投资者所理解和接受。同时，CAPM 模型也为金融市场的分析和预测提供了一个统一的理论框架。

2. 理论基础坚实，应用广泛

CAPM 模型建立在马科维茨的现代投资组合理论之上，通过严格的数学推导和假设条件，得出了资产预期收益率与风险之间的线性关系。这一结论不仅为资产定价提供了科学依据，还广泛应用于投资组合管理、风险管理、资本预算等多个领域。

3. 促进市场效率

CAPM 模型隐含了市场有效性的假设，即市场能够迅速、准确地反映所有可获得的信息。这一假设鼓励投资者积极收集和分析市场信息，以发现被低估或高估的资产。当投资者根据 CAPM 模型进行投资决策时，他们的交易行为将推动市场价格向内在价值回归，从而促进市场的效率和公平性。

（二）CAPM 模型的局限性

1. 假设条件过于理想化

CAPM 模型的建立基于一系列严格的假设条件，如投资者理性、市场无摩擦、信息完全对称等。然而，在现实世界中，这些假设条件往往难以完全满足。例如，投资者可能受到情绪、认知偏差等因素的影响而做出非理性的投资决策；市场也可能存在交易成本、税收等摩擦因素；信息不对称问题也普遍存在于金融市场中。这些现实因素的存在使得 CAPM 模型在实际应用中的有效性受到质疑。

2.Beta 系数的估计问题

Beta 系数是 CAPM 模型中的关键参数之一，其准确性直接影响到模型的预测效果。然而，Beta 系数的估计往往受到样本数据、时间跨度、市场变化等多种因素的影响。特别是对于一些新兴行业或缺乏历史数据的资产来说，其 Beta 系数的估计更加困难。此外，由于经济环境的不断变化和市场结构的调整，Beta 系数也可能发生动态变化，这使得基于历史数据估计的 Beta 系数对未来风险的预测能力有限。

3. 忽视非系统性风险

CAPM 模型主要关注资产的系统性风险（即与市场整体相关的风险），而忽视了非系统性风险（即与特定资产或行业相关的风险）。然而，在实际投资中，非系统性风险同样重要且难以完全分散。因此，CAPM 模型在评估资产风险和收益时可能存在一定的偏差。为了弥补这一缺陷，一些学者提出了多因素模型等扩展模型来同时考虑系统性风险和非系统性风险对资产价格和收益的影响。

4. 市场有效性的质疑

虽然 CAPM 模型隐含了市场有效性的假设，但现实市场是否真正有效仍存在争议。一些研究表明，市场可能受到行为偏差、信息延迟、市场操纵等多种因素的影响而偏离有效状态。在这种情况下，CAPM 模型的预测效果将大打折扣。因此，投资者在使用 CAPM 模型进行投资决策时，需要谨慎考虑市场有效性的实际情况。

第四节　蒙特卡洛模拟在投资组合风险分析中的应用

一、蒙特卡洛模拟的基本原理

蒙特卡洛模拟作为一种强大的数值计算方法，在金融、物理、工程等多个领域得到了广泛应用。尤其在投资组合风险分析中，蒙特卡洛模拟凭借其独特的优势，成为评估和管理投资组合风险的重要工具。

（一）随机抽样与概率模拟

蒙特卡洛模拟的核心在于随机抽样与概率模拟。该方法通过生成大量符合特定概率分布的随机数，来模拟现实世界中可能发生的随机事件及其结果。在投资组合风险分析中，这意味着我们可以根据资产的历史收益率、波动率等统计特征，生成大量可能的未来收益率路径。这些路径代表了投资组合在不同市场环境下的可能表现，从而为我们提供了评估风险的基础数据。

随机抽样的关键在于确保样本的随机性和代表性。在蒙特卡洛模拟中，通常使用伪随机数生成器来产生随机数序列。这些随机数虽然是由算法生成的，但在统计上具有良好的随机性，能够模拟真实世界中的随机现象。通过调整随机数生成器的参数和分布类型，我们可以灵活地模拟不同类型的随机事件和概率分布。

（二）大数定律与统计推断

蒙特卡洛模拟的另一个重要原理是大数定律。大数定律表明，当样本容量足够大时，样本均值将趋近于总体均值。在投资组合风险分析中，这意味着我们可以通过模拟大量可能的未来收益率路径，并计算这些路径下的投资组合收益率均值和标准差等统计量，来近似估计投资组合的真实风险水平。

统计推断是蒙特卡洛模拟在风险分析中的关键步骤。通过对模拟结果的统计分析，我们可以得到投资组合在不同置信水平下的风险度量指标，如 VaR（在险价值）、CVaR（条件在险价值）等。这些指标为投资者提供了直观的风险量化信息，有助于他们制定更为合理的投资策略和风险管理措施。

（三）灵活性与适应性

蒙特卡洛模拟在投资组合风险分析中的第三个优势在于其灵活性和适应性。由于蒙特卡洛模拟是基于随机抽样的数值计算方法，因此它可以灵活地处理各种复杂的金融模型和风险因素。无论是线性模型还是非线性模型，无论是单一资产还是多资产组合，蒙特卡洛模拟都能通过适当的调整来适应不同的分析需求。

此外，蒙特卡洛模拟还具有很强的适应性。随着市场环境的变化和新的金融产品的出现，投资者可能需要重新评估投资组合的风险水平。此时，他们可以通过修改蒙特卡洛模拟中的参数和分布类型，来快速适应新的分析需求。这种灵活性使得蒙特卡洛模拟成为投资组合风险分析中不可或缺的工具之一。

蒙特卡洛模拟通过随机抽样与概率模拟、大数定律与统计推断以及灵活性与适应性等基本原理，在投资组合风险分析中发挥着重要作用。它不仅为投资者提供了直观的风险量化信息，还帮助他们制定更为合理的投资策略和风险管理措施。随着计算机技术的不断发展和金融市场的日益复杂化，蒙特卡洛模拟在投资组合风险分析中的应用前景将更加广阔。

二、蒙特卡洛模拟在投资组合风险分析中的步骤

蒙特卡洛模拟作为一种强大的统计模拟技术，在投资组合风险分析领域展现出了极高的应用价值。其通过模拟大量随机事件来评估投资组合在不同市场条件下的表现，从而为投资者提供详尽的风险评估与决策支持。

（一）定义风险模型与参数设定

蒙特卡洛模拟的第一步是明确风险分析的目标，并据此构建相应的风险模型。在投资组合风险分析中，这通常涉及确定投资组合中各个资产的收益率分布、相关性结构以及市场因子的动态变化等。这些参数的设定需要基于历史数据、市场研究以及专家判断等多方面的信息。

具体而言，投资者需要收集并整理投资组合中各资产的历史收益率数据，通过统计分析方法（如时间序列分析、回归分析等）来估计资产的收益率分布特征，如均值、方差、偏度、峰度等。同时，还需要考虑资产之间的相关性，这可以通过计算相关系数矩阵来实现。此外，对于市场因子的动态变化，如利率、汇率、通货膨胀率等，投资者也需要根据宏观经济环境、政策变化等因素进行预测和设定。

（二）生成随机样本与模拟路径

在定义了风险模型并设定了相关参数之后，蒙特卡洛模拟的下一步是生成大量的随机样本，以模拟投资组合在不同市场条件下的表现。这一步骤是蒙特卡洛模拟的核心，也是其能够评估投资组合风险的关键所在。

具体而言，投资者需要根据资产的收益率分布特征，使用随机数生成器来生成大量的随机收益率样本。这些样本代表了投资组合在未来可能面临的各种市场

情况。然后，基于这些随机样本和资产之间的相关性结构，投资者可以模拟出投资组合在不同时间点的收益率路径。这些路径构成了投资组合未来可能表现的"全景图"，为投资者提供了丰富的风险评估信息。

（三）计算风险度量指标与结果分析

在生成了足够的随机样本和模拟路径之后，蒙特卡洛模拟的最后一步是计算风险度量指标，并对模拟结果进行深入分析。这些风险度量指标通常包括投资组合的期望收益率、标准差（代表波动性）、VaR（在险价值）、CVaR（条件在险价值）等，它们从不同角度反映了投资组合的风险水平。

通过对这些风险度量指标的计算和分析，投资者可以全面了解投资组合在不同市场条件下的表现情况。他们可以评估投资组合在不同置信水平下的潜在损失，以及这些损失对投资组合整体价值的影响。此外，投资者还可以比较不同投资组合之间的风险水平，从而选择出风险与收益最为匹配的投资组合。

在结果分析阶段，投资者还需要关注模拟结果的稳定性和可靠性。由于蒙特卡洛模拟是基于随机抽样的方法，因此其结果可能存在一定的随机误差。为了降低这种误差对风险评估的影响，投资者通常需要增加模拟次数或采用其他统计方法来提高结果的稳定性和可靠性。

蒙特卡洛模拟在投资组合风险分析中的步骤包括定义风险模型与参数设定、生成随机样本与模拟路径以及计算风险度量指标与结果分析。这些步骤相互关联、相互支持，共同构成了蒙特卡洛模拟在投资组合风险分析中的完整流程。通过这一流程的实施，投资者可以更加准确地评估投资组合的风险水平，为制定科学的投资策略和风险管理措施提供有力支持。

三、模拟结果的解释与应用

在蒙特卡洛模拟应用于投资组合风险分析的过程中，模拟结果的解释与应用是至关重要的一环。它不仅关乎到投资者能否准确理解投资组合的风险特征，还直接影响到后续的投资决策和风险管理措施。

（一）理解风险分布与概率评估

蒙特卡洛模拟通过生成大量随机样本，构建了投资组合未来可能表现的"全景图"。这些模拟结果以统计分布的形式展现，揭示了投资组合在不同市场条件下的潜在风险。投资者首先需要深入理解这一风险分布，包括其形状、均值、标准差等统计特征。

在解释风险分布时，投资者应关注极端情况的发生概率。例如，通过计算VaR（在险价值），投资者可以了解在一定置信水平下，投资组合可能遭受的最大损失。这有助于投资者对投资组合的潜在风险形成直观的认识，并为制定风险管理策略提供依据。

（二）评估投资组合的稳健性

模拟结果的另一个重要应用是评估投资组合的稳健性。通过比较不同市场条件下投资组合的表现，投资者可以判断投资组合是否能够在各种环境下保持相对稳定的收益水平。这种稳健性对于长期投资者而言尤为重要，因为它关系到投资组合能否持续为投资者创造价值。

在评估稳健性时，投资者可以关注模拟结果中的波动性和相关性等指标。波动性反映了投资组合收益率的离散程度，而相关性则揭示了不同资产之间的风险传递效应。通过综合分析这些指标，投资者可以对投资组合的稳健性做出全面评估，并据此调整投资组合的结构和配置。

（三）指导投资决策与资产配置

蒙特卡洛模拟的结果还可以为投资者的决策过程提供有力支持。通过比较不同投资组合的模拟表现，投资者可以选择出风险与收益最为匹配的投资组合。这种基于模拟结果的决策方式更加科学、客观，有助于投资者避免盲目跟风或情绪化决策。

在资产配置方面，模拟结果同样具有重要参考价值。投资者可以根据模拟结果中不同资产的表现和相关性，制定合理的资产配置方案。例如，对于风险厌恶型投资者而言，他们可能会选择配置更多低波动性、低相关性的资产以降低整体风险水平；而对于追求高收益的投资者而言，他们则可能会倾向于配置更多高风险、高收益的资产以追求更高的潜在回报。

（四）制定风险管理策略与应对措施

最后，模拟结果的解释与应用还涉及风险管理策略的制定和应对措施的提出。通过对模拟结果的深入分析，投资者可以识别出投资组合中可能存在的潜在风险点，并据此制定相应的风险管理策略。

在制定风险管理策略时，投资者需要综合考虑多种因素，包括市场环境的变化、投资组合的结构特点以及投资者的风险偏好等。同时，他们还需要制定相应的应对措施以应对可能出现的风险事件。例如，当市场出现剧烈波动时，投资者可以采取止损、对冲等措施来降低损失；当投资组合中某个资产表现不佳时，他们可以选择减仓或替换为其他表现更好的资产以优化投资组合的整体表现。

模拟结果的解释与应用是蒙特卡洛模拟在投资组合风险分析中不可或缺的一环。通过对模拟结果的深入理解和分析，投资者可以更加准确地评估投资组合的风险特征、评估投资组合的稳健性、指导投资决策与资产配置以及制定风险管理策略与应对措施。这些工作将为投资者提供有力的决策支持并帮助他们实现长期的投资目标。

四、蒙特卡洛模拟的优缺点与改进方向

蒙特卡洛模拟作为一种强大的数值计算方法，在投资组合风险分析中展现出显著的优势，但同时也存在一些局限性。深入理解其优缺点，并探索改进方向，对于提升蒙特卡洛模拟在实际应用中的效果具有重要意义。

（一）蒙特卡洛模拟的显著优势

蒙特卡洛模拟在投资组合风险分析中的优势主要体现在以下几个方面：

1. 灵活性高

蒙特卡洛模拟能够处理复杂的金融模型和风险因素，不受限于模型的线性和非线性特性。这使得它能够适应各种投资组合结构和市场环境，为投资者提供全面的风险评估。

2. 精确度高

随着模拟次数的增加，蒙特卡洛模拟的结果将逐渐趋近于真实情况。因此，在足够的计算资源支持下，蒙特卡洛模拟能够提供高精度的风险度量结果，帮助投资者做出更为准确的决策。

3. 直观性强

蒙特卡洛模拟通过生成大量随机样本，构建了投资组合未来可能表现的"全景图"。这种直观的风险展示方式有助于投资者更好地理解投资组合的风险特征，并制定相应的风险管理策略。

（二）蒙特卡洛模拟的局限性

尽管蒙特卡洛模拟具有诸多优势，但在实际应用中也存在一些局限性：

1. 计算成本高

为了获得高精度的结果，蒙特卡洛模拟通常需要生成大量的随机样本并进行复杂的计算。这导致其在计算成本上相对较高，尤其是在处理大规模投资组合时更为明显。

2. 模型依赖性

蒙特卡洛模拟的结果受到所选模型和参数设定的影响。如果模型选择不当或参数设定不合理，将导致模拟结果偏离实际情况，从而影响风险评估的准确性。

3. 随机误差

由于蒙特卡洛模拟是基于随机抽样的方法，因此其结果存在一定的随机误差。

这种误差可能导致风险评估结果的不稳定，需要投资者在解释和应用模拟结果时予以注意。

（三）改进蒙特卡洛模拟的方向

针对蒙特卡洛模拟的局限性，可以从以下几个方面进行改进：

1. 优化算法

通过引入更高效的算法（如重要性抽样、分层抽样等），可以减少模拟所需的样本数量，从而降低计算成本并提高计算效率。

2. 模型校验与调整

在进行蒙特卡洛模拟之前，应对所选模型进行严格的校验和调整，确保其能够准确反映投资组合和市场环境的实际情况。同时，还可以考虑引入多个模型进行比较分析，以提高风险评估的准确性和可靠性。

3. 降低随机误差

通过增加模拟次数、采用统计方法（如置信区间估计）等方法来降低随机误差对风险评估结果的影响。此外，还可以结合其他风险评估方法（如历史模拟法、压力测试等）进行综合评估，以提高风险评估的全面性和准确性。

（四）未来发展趋势与展望

随着计算机技术的不断发展和金融市场的日益复杂化，蒙特卡洛模拟在投资组合风险分析中的应用前景将更加广阔。未来，我们可以期待以下几个方面的发展：

1. 技术融合

将蒙特卡洛模拟与其他先进技术（如人工智能、大数据等）相结合，提高风险评估的智能化和自动化水平。例如，利用机器学习算法对模型进行优化和调整，以提高其准确性和适应性。

2. 实时风险评估

随着计算能力的提升和数据获取技术的进步，蒙特卡洛模拟有望实现实时风险评估。这将有助于投资者及时应对市场变化并调整投资策略。

3. 多维度风险评估

未来的蒙特卡洛模拟将更加注重多维度风险评估。除了传统的收益率和波动性指标外，还将考虑更多因素（如流动性风险、信用风险等）对投资组合风险的影响，以提供更加全面和深入的风险评估结果。

第五节 Python 实现投资组合优化算法

一、Python 在金融数据分析中的应用基础

在金融领域，投资组合优化是资产配置的核心任务之一，旨在通过合理分配资金于不同资产，以达到风险与收益的最佳平衡。Python 作为一门功能强大的编程语言，凭借其丰富的库和高效的计算能力，在金融数据分析及投资组合优化中发挥着越来越重要的作用。

（一）Python 在数据处理与清洗中的优势

在投资组合优化之前，首先需要处理和分析大量的金融数据。Python 通过 Pandas、NumPy 等库，提供了高效、灵活的数据处理工具。Pandas 库支持复杂的数据结构，如 DataFrame，便于存储和操作时间序列数据、财务数据等。它能够轻松实现数据的导入、清洗、转换和合并，确保数据质量满足优化算法的需求。此外，Python 的灵活性允许用户自定义数据预处理流程，以适应不同金融机构和投资策略的特定要求。

（二）投资组合优化模型的构建

投资组合优化模型的构建是实现优化算法的关键步骤。Python 通过 SciPy、

PuLP、Cvxpy 等优化库，支持多种优化算法的实现，包括线性规划、二次规划、半正定规划等。这些算法可以用于求解投资组合的权重分配问题，以最小化风险、最大化收益或同时考虑多个目标。例如，使用均值-方差模型时，Python 可以计算资产的历史收益率和协方差矩阵，进而通过优化算法求解出最优的资产权重配置。此外，Python 还支持对模型进行敏感性分析和稳健性检验，帮助投资者理解不同市场条件对投资组合性能的影响。

（三）算法实现与计算效率

Python 在实现投资组合优化算法时，不仅关注算法的正确性，还注重计算效率。NumPy 库提供了高性能的数组和矩阵运算功能，能够显著加速数据处理和数学计算过程。此外，Python 支持并行计算和分布式计算，通过多核处理器或云计算资源，可以进一步提升计算效率。对于大规模数据集和复杂模型，Python 的灵活性和可扩展性使其能够应对计算挑战，确保投资组合优化算法在合理的时间内得出结果。

（四）可视化与报告生成

在投资组合优化过程中，结果的可视化和报告生成对于投资者理解和决策至关重要。Python 通过 Matplotlib、Seaborn、Plotly 等可视化库，提供了丰富的图表和图形展示功能。这些工具可以帮助投资者直观地了解投资组合的风险分布、收益特征以及不同优化策略的效果。同时，Python 还支持将分析结果导出为报告文档或演示文稿，便于与团队成员、客户或监管机构进行沟通和交流。通过可视化和报告生成，Python 使得投资组合优化过程更加透明和高效。

Python 在实现投资组合优化算法中展现出多方面的优势。从数据处理与清洗、模型构建、算法实现与计算效率到可视化与报告生成，Python 为金融数据分析提供了全面的解决方案。随着金融市场的不断发展和技术的不断进步，Python 在金融领域的应用前景将更加广阔。对于金融从业者和研究者而言，掌握 Python 在金融数据分析中的应用基础，将为他们的工作和研究带来极大的便利和效益。

二、投资组合优化算法的 Python 实现概述

在金融市场中，投资组合优化是投资管理的核心环节，旨在通过科学的方法调整资产配置，以实现风险与收益的最佳平衡。Python 凭借其强大的数据处理能力、丰富的数学和科学计算库以及灵活的编程环境，成为了实现投资组合优化算法的理想工具。

（一）Python 在金融数据处理与分析中的基础架构

在实现投资组合优化算法之前，首先需要构建一个稳定且高效的金融数据处理与分析的基础架构。Python 通过 Pandas、NumPy 等库，为金融数据的读取、清洗、转换和存储提供了强大的支持。Pandas 库以其灵活的数据结构（如 DataFrame）和丰富的数据处理函数，能够轻松处理时间序列数据、财务报表数据等，为投资组合优化提供准确的数据基础。此外，NumPy 库提供了高效的数组和矩阵运算功能，对于处理金融数据的统计分析和数学模型构建至关重要。通过这些基础库的结合使用，Python 能够构建起一个高效、可扩展的金融数据处理与分析框架，为投资组合优化算法的实现奠定坚实基础。

（二）投资组合优化算法的选择与实现

在 Python 中实现投资组合优化算法，关键在于选择合适的优化模型和算法。常见的投资组合优化模型包括均值-方差模型、风险平价模型、黑利-科恩模型等，每种模型都有其独特的优势和适用范围。Python 通过 SciPy、PuLP、Cvxpy 等优化库，提供了丰富的优化算法支持，包括线性规划、二次规划、半正定规划等，可以满足不同模型的求解需求。在实现过程中，需要根据具体问题的特点选择合适的优化算法，并设计合理的算法流程。同时，还需要注意算法的稳定性和收敛性，确保求解结果的准确性和可靠性。Python 的灵活性和可扩展性使得实现过程可以根据需要进行调整和优化，以适应不同的投资策略和市场环境。

（三）Python 在投资组合优化结果分析与决策支持中的作用

投资组合优化算法的实现不仅是为了得到最优的资产配置方案，更重要的是通过对优化结果的分析为投资决策提供有力支持。Python 通过 Matplotlib、Seaborn 等可视化库，能够将优化结果以图表、图形等形式直观地展示出来，帮助投资者更好地理解投资组合的风险分布、收益特征以及不同资产之间的相关性。同时，Python 还支持对优化结果进行敏感性分析和稳健性检验，以评估不同市场条件和参数变化对优化结果的影响。这些分析结果能够为投资者提供全面的决策支持，帮助他们制定出更加科学、合理的投资策略。此外，Python 还支持将分析结果导出为报告文档或演示文稿，便于与团队成员、客户或监管机构进行沟通和交流。通过 Python 在投资组合优化结果分析与决策支持中的作用，投资者能够更加精准地把握市场动态和投资机会，实现资产的高效配置和保值增值。

三、具体算法实现

在投资组合优化领域，除了传统的数学规划方法外，启发式算法如遗传算法（genetic algorithm, GA）和粒子群优化（particle swarm optimization, PSO）也因其独特的搜索机制和全局优化能力而受到广泛关注。这些算法通过模拟自然过程来寻找问题的最优解，特别适用于处理复杂、非线性且没有明确解析解的优化问题。

（一）算法原理与特点

遗传算法：遗传算法是一种模拟生物进化过程中自然选择和遗传机制的搜索算法。它通过初始化一群随机生成的解（种群），然后对这些解进行编码（如二进制编码）、选择、交叉（杂交）和变异等操作，以迭代的方式生成新的解集。在每一代中，根据适应度函数（通常基于投资组合的风险和收益）评估解的优劣，并选择优秀的解进行繁殖，从而逐步逼近最优解。遗传算法具有全局搜索能力强、易于并行处理等优点，但也可能存在早熟收敛、计算量大等问题。

粒子群优化：粒子群优化算法则是模拟鸟群觅食过程中的信息共享和协作行为。在 PSO 中，每个粒子代表一个潜在的解，并在解空间中飞行以寻找最优解。粒子通过更新自己的位置和速度来追踪个体最优解（即粒子自身找到的最优解）和全局最优解（即整个种群找到的最优解）。PSO 算法简单易懂，收敛速度快，但需要合理设置参数以避免陷入局部最优解。

（二）Python 实现过程

在 Python 中实现遗传算法和粒子群优化算法进行投资组合优化，通常需要定义以下几个关键部分：

初始化：生成初始种群或粒子群，并设置算法的基本参数（如种群大小、迭代次数、交叉概率、变异概率、学习因子等）。

编码与解码：对于遗传算法，需要将投资组合的权重分配方案编码为染色体（如二进制字符串）；对于粒子群优化，则直接将权重作为粒子的位置进行表示。解码过程则是将编码后的信息转换回实际的投资组合配置。

适应度评估：根据投资组合的风险和收益计算每个解（染色体或粒子）的适应度。这通常涉及计算投资组合的预期收益率、方差（或标准差）等统计指标。

迭代更新：对于遗传算法，执行选择、交叉和变异操作以生成新的种群；对于粒子群优化，则根据个体最优解和全局最优解更新粒子的位置和速度。

终止条件：设置合适的终止条件（如达到最大迭代次数、适应度达到预设阈值等）以结束算法运行。

（三）优化效果与参数调整

遗传算法和粒子群优化算法在投资组合优化中的效果受到多种因素的影响，包括算法参数的设置、投资组合的构成、市场环境的变化等。为了获得更好的优化效果，需要对算法参数进行细致的调整和优化。例如，在遗传算法中，可以通过调整交叉概率和变异概率来平衡算法的探索和开发能力；在粒子群优化中，则可以通过调整学习因子来平衡粒子向个体最优解和全局最优解的逼近速度。

　　此外，还需要注意算法的稳定性和鲁棒性。由于金融市场具有高度的复杂性和不确定性，投资组合优化算法必须能够在各种市场条件下保持稳定的性能。因此，在算法设计和实现过程中，需要充分考虑市场的实际情况，并通过大量的实验和验证来评估算法的适用性和可靠性。

　　遗传算法和粒子群优化算法在 Python 中实现投资组合优化算法具有独特的优势和潜力。通过深入理解算法原理、精心设计实现过程以及合理调整参数设置，可以充分发挥这些算法在投资组合优化中的作用，为投资者提供更加科学、合理的资产配置方案。

第七章　资本成本估算

第一节　加权平均资本成本（WACC）计算

一、WACC 的定义与重要性

在探讨企业估值、投资决策以及资本结构优化的过程中，加权平均资本成本（weighted average cost of capital, WACC）无疑是一个核心概念。它不仅反映了企业为筹集资金所需承担的平均成本，也是评估项目可行性、制定融资策略的重要依据。

（一）WACC 的定义解析

加权平均资本成本，顾名思义，是企业各类资本成本的加权平均数。这里的"资本"涵盖了债务资本（如银行贷款、公司债券等）和股权资本（即股东投入的资本），而"加权平均"则是指根据每种资本在企业资本结构中所占的比重，对其成本进行加权平均计算。具体而言，WACC 的计算公式通常包括债务成本、股权成本以及各自的权重，同时还需要考虑税盾效应（即利息支出具有减税作用）对债务成本的实际影响。因此，WACC 实质上反映了企业整体融资活动的平均成本水平，是衡量企业资金利用效率的重要指标。

（二）WACC 的计算原理

WACC 的计算原理基于企业资本结构的多样性。在一个多元化的资本结构中，不同来源的资金具有不同的成本。债务资本的成本相对固定，主要由利息支出构成，且受到市场利率、信用评级等因素的影响；而股权资本的成本则更为复杂，通常通过资本资产定价模型（CAPM）等方法估算，涉及无风险利率、市场风险溢价以及企业特定风险等因素。在计算 WACC 时，首先需要确定每种资本的成本，然后依据其在企业总资本中的占比（即权重）进行加权平均。这一过程不仅体现了对各类资本成本的尊重，也充分考虑了企业资本结构的实际情况，使得 WACC 成为一个全面反映企业融资成本水平的指标。

（三）WACC 的重要性分析

1. 企业估值的基石

在评估企业价值时，WACC 是折现率选择的重要依据。通过将未来现金流以 WACC 为折现率进行折现，可以得到企业当前价值的合理估计。这一过程不仅考虑了资金的时间价值，也充分考虑了企业融资的成本和风险。

2. 投资决策的标尺

在进行投资决策时，WACC 是衡量项目盈利能力的重要标准。只有当项目的预期收益率高于 WACC 时，该项目才被视为具有投资价值。这一原则确保了企业资源向高效益项目的倾斜，促进了企业整体效益的提升。

3. 资本结构优化的工具

WACC 还为企业优化资本结构提供了有力支持。通过调整债务与股权的比例，企业可以降低 WACC，进而降低融资成本，提高盈利能力。这一过程需要企业在考虑财务风险和融资成本之间找到最佳平衡点，以实现资本结构的优化和企业价值的最大化。

WACC 作为企业财务管理中的核心概念，其定义、计算原理及重要性不容忽视。通过深入理解 WACC 的内涵和应用，企业可以更加科学地制定融资策略、评估投资项目、优化资本结构，从而实现企业价值的持续增长。

二、资本结构分析

资本结构分析是企业财务管理的核心内容之一，它关注于企业不同资本来源之间的比例关系及其对企业价值、融资成本及风险承担能力的影响。而加权平均资本成本（WACC）作为资本结构分析中的关键指标，其计算与理解对于制定企业战略、评估投资项目及优化融资结构具有重要意义。

（一）资本结构的基本构成

资本结构是指企业各种资本的价值构成及其比例关系，主要包括债务资本和股权资本两大部分。债务资本通过借款或发行债券等方式筹集，具有明确的还本付息义务，成本相对固定但可能带来财务风险。股权资本则来源于股东的投资，无需还本付息，但股东期望获得与其投资风险相匹配的回报，因此股权资本成本较高且具有一定的灵活性。资本结构的选择不仅影响企业的融资成本，还关系到企业的控制权分配、财务风险承受能力以及市场价值评估。

（二）WACC 与资本结构的关系

WACC 作为衡量企业整体融资成本水平的指标，其计算直接依赖于资本结构的构成。在 WACC 的计算公式中，债务成本和股权成本分别乘以各自的权重（即债务和股权在资本结构中的占比），然后相加得到 WACC。因此，资本结构的变动会直接影响 WACC 的数值。当企业增加债务融资比例时，虽然可以降低税前债务成本（因利息具有税盾效应），但也可能增加财务风险和股权成本（因投资者要求更高的风险溢价），最终对 WACC 产生复杂影响。反之，增加股权融资比例则会减少财务风险，但可能提高融资成本。因此，企业需要在债务和股权之间找到最优的资本结构，以实现 WACC 的最小化和企业价值的最大化。

（三）WACC 在资本结构决策中的应用

WACC 在资本结构决策中发挥着至关重要的作用。首先，通过计算不同资本结构下的 WACC，企业可以比较不同融资方案的成本效益，从而选择成本最低、效益最高的融资方案。其次，WACC还可以作为投资项目评估的折现率标准。只有当项目的预期收益率高于WACC时，该项目才被视为具有投资价值。这一原则确保了企业资源向高效益项目的倾斜，促进了企业整体效益的提升。最后，通过持续监测和调整WACC水平及其与资本结构的关系，企业可以不断优化融资结构，降低融资成本，提高市场竞争力。

（四）WACC计算的挑战与解决方案

尽管WACC在资本结构分析中具有重要意义，但其计算过程中也面临诸多挑战。首先，股权成本的估算较为复杂，通常需要通过资本资产定价模型（CAPM）等方法进行估算，而这些方法可能受到市场有效性、数据可获得性等因素的限制。其次，债务成本的确定也需要考虑多种因素，如市场利率、信用评级、债券期限等。此外，资本结构的变化和税盾效应的影响也使得WACC的计算变得更为复杂。为了应对这些挑战，企业可以采取以下解决方案：一是加强市场研究和数据分析能力，提高股权成本和债务成本估算的准确性；二是建立灵活的资本结构管理机制，根据市场变化和企业发展需求及时调整资本结构；三是加强内部控制和风险管理能力，确保企业在追求低成本融资的同时不会过度承担财务风险。

三、各资本成分权重的确定

在加权平均资本成本（WACC）的计算中，各资本成分权重的确定是一个至关重要的环节。这些权重反映了企业资本结构中不同资本来源的相对重要性，直接影响WACC的计算结果及其对企业财务决策的指导意义。

（一）市场价值与账面价值的考量

在确定各资本成分的权重时，首先需要明确是基于市场价值还是账面价值进行计算。市场价值反映了资本市场对企业各资本成分的当前估价，通常更加动态和实时地反映了企业的财务状况和市场环境。而账面价值则基于历史成本原则，可能无法完全反映资产和负债的真实经济价值。在大多数情况下，为了更准确地反映企业的实际融资成本和风险状况，建议使用市场价值来确定各资本成分的权重。这要求企业具备完善的市场估值体系，能够定期更新并调整各资本成分的市场价值。

（二）资本结构的动态调整

企业的资本结构并非一成不变，而是随着市场环境、企业战略及经营状况的变化而动态调整。因此，在确定各资本成分的权重时，必须充分考虑资本结构的这种动态性。一方面，企业需要密切关注市场动态和自身财务状况的变化，及时评估和调整资本结构；另一方面，在 WACC 的计算中，也需要根据最新的资本结构数据来更新各资本成分的权重。这种动态调整有助于保持 WACC 计算的准确性和时效性，为企业财务决策提供有力支持。

（三）债务与股权的权重分配原则

在债务与股权的权重分配上，企业需要遵循一定的原则以确保分配的合理性和科学性。首先，应根据企业的融资需求和资本结构政策来确定债务和股权的融资比例。这需要考虑企业的盈利能力、偿债能力、行业特点以及市场环境等多方面因素。其次，在分配权重时，应充分考虑债务和股权的成本差异及风险特征。债务成本相对较低但风险较高，而股权成本较高但风险较低。因此，在分配权重时应权衡成本和风险之间的关系，以实现整体融资成本的最低化和风险的最小化。

（四）特殊资本成分的处理

在实际操作中，企业的资本结构可能包含一些特殊资本成分，如优先股、可转换债券等。这些特殊资本成分在权重的确定上需要特别处理。优先股通常具有固定的股息支付义务和优先于普通股的清算权利，因此在确定其权重时应考虑其优先权特征和股息支付要求。可转换债券则具有债券和股票的双重属性，其权重的确定需要综合考虑其转换前作为债务的成本和转换后作为股权的预期收益。对于这类特殊资本成分，企业需要制定专门的估值和权重分配方法以确保 WACC

计算的准确性和完整性。

各资本成分权重的确定是 WACC 计算中的关键环节之一。企业需要综合考虑市场价值与账面价值的差异、资本结构的动态调整、债务与股权的权重分配原则以及特殊资本成分的处理等多个方面因素以确保权重的合理性和科学性。只有这样才能确保 WACC 计算的准确性和有效性进而为企业财务决策提供有力支持。

四、WACC 的计算步骤与案例分析

在深入探讨加权平均资本成本（WACC）的计算步骤时，我们需要细致理解其背后的逻辑与原理，以确保计算的准确性和对企业财务决策的适用性。

（一）明确计算基础与假设条件

在进行 WACC 计算之前，明确计算的基础与假设条件是至关重要的。这包括确定计算的时间范围（如年度、季度等）、资本结构的定义（是否包含所有类型的资本，如长期债务、短期债务、优先股、普通股等）、市场条件的假设（如市场是否有效、利率是否稳定等）。此外，还需要明确各资本成分的成本估算方法，如债务成本是否考虑税盾效应、股权成本是否采用资本资产定价模型（CAPM）等。这些基础与假设条件的明确，为后续的计算提供了坚实的框架和依据。

（二）详细计算各资本成分的成本

WACC 的计算核心在于对各资本成分成本的准确估算。对于债务成本，需要考虑不同债务工具的利率、期限、信用评级等因素，以及税盾效应对债务成本的实际影响。对于股权成本，则通常采用 CAPM 等方法进行估算，涉及无风险利率、市场风险溢价以及企业特定风险系数的确定。在计算过程中，需要确保数据来源的可靠性和计算方法的合理性，以得到各资本成分成本的准确值。

（三）合理确定各资本成分的权重

在得到各资本成分的成本后，下一步是合理确定它们在资本结构中的权重。权重的确定应基于市场价值而非账面价值，以更准确地反映企业当前的融资结构

和市场状况。对于债务和股权的权重分配，需要综合考虑企业的融资策略、市场条件以及各资本成分的成本和风险特征。此外，对于特殊资本成分（如优先股、可转换债券等），也需要根据其特性和条款进行专门的权重分配。在确定权重时，应确保权重的总和等于1，以符合加权平均数的计算要求。

（四）综合计算 WACC 并解读结果

在完成上述步骤后，即可根据 WACC 的计算公式将各资本成分的成本与权重相乘后求和得到 WACC 的值。WACC 的计算结果不仅反映了企业为筹集资金所需承担的平均成本水平，也是评估企业投资项目、制定融资策略以及优化资本结构的重要依据。因此，在得到 WACC 的值后，需要对其进行深入解读和分析。一方面，可以将其与企业的历史 WACC 进行比较以评估融资成本的变化趋势；另一方面，可以将其与同行业其他企业的 WACC 进行比较以评估企业的融资成本和竞争力水平。此外，还可以根据 WACC 的变化趋势和影响因素预测企业未来的融资成本变化并制定相应的财务策略。

WACC 的计算步骤涉及明确计算基础与假设条件、详细计算各资本成分的成本、合理确定各资本成分的权重以及综合计算 WACC 并解读结果等多个环节。通过深入理解这些步骤和背后的逻辑与原理我们可以更准确地计算 WACC 并为企业财务决策提供有力支持。

第二节 债务成本与市场风险溢价估算

一、债务成本的计算方法

在财务管理中，债务成本的准确计算是企业制定融资策略、评估投资项目及优化资本结构的关键环节。债务成本不仅反映了企业借债所需支付的利息费用，还隐含了债权人对企业违约风险的评估。本节将深入探讨债务成本的计算方法，特别是聚焦于债务成本与市场风险溢价的估算。

（一）债务成本的基本概念与影响因素

债务成本，简而言之，是指企业为筹集债务资金所需支付的利息费用，通常以年化利率的形式表示。这一成本的高低直接受到多种因素的影响，包括但不限于市场利率水平、企业的信用评级、债务期限结构以及宏观经济环境等。市场利率水平是债务成本的基准，而企业的信用评级则决定了其相对于市场基准利率的溢价水平。债务期限越长，通常意味着更高的利率风险，因此长期债务的成本往往高于短期债务。此外，宏观经济环境的变化，如通货膨胀率、货币政策调整等，也会对债务成本产生显著影响。

（二）债务成本的直接计算法

债务成本的直接计算法主要基于企业已发行或计划发行的债务工具的合同条款。对于已发行的债务，企业可以通过查阅债务工具的发行文件或财务报告中的相关披露信息，直接获取其票面利率或实际支付的利息费用。对于计划发行的债务，企业则需要根据当前市场条件、自身信用评级及债务期限等因素，预测可能获得的融资成本。直接计算法的优点在于数据获取相对容易且直观，但缺点在于可能无法全面反映市场对企业违约风险的评估及未来利率变动的预期。

（三）债务成本与市场风险溢价的估算

为了更准确地估算债务成本，特别是考虑到市场风险溢价的影响，企业通常需要采用更为复杂的方法。市场风险溢价是指由于市场不确定性而要求的额外回报，它反映了投资者对承担市场风险的补偿要求。在估算债务成本时，企业可以通过观察市场上类似信用评级和期限结构的债务工具的收益率，来推断自身债务的市场风险溢价水平。此外，还可以利用金融模型（如信用评级模型、利率期限结构模型等）来预测未来市场利率的变动趋势及对企业债务成本的影响。这种方法虽然更为复杂和耗时，但能够提供更全面、更准确的债务成本估算结果，有助于企业制定更为科学合理的融资策略和投资决策。

（四）债务成本估算的注意事项

在进行债务成本估算时，企业需要注意以下几个方面的问题：一是要确保数据来源的可靠性和准确性，避免使用过时或错误的信息导致估算结果失真；二是要充分考虑各种影响因素的相互作用和动态变化，如市场利率的波动、信用评级的调整等；三是要结合企业的实际情况和融资需求来选择合适的估算方法和模型；四是要定期对债务成本进行重估和调整，以反映市场条件和企业状况的变化。通过遵循这些注意事项，企业可以更加准确地估算债务成本，为企业的财务管理和战略决策提供有力支持。

二、市场无风险利率的确定

在财务分析与投资决策中，市场无风险利率作为衡量资金时间价值的基准，对于准确估算债务成本、市场风险溢价乃至整个项目的资本成本具有至关重要的作用。

（一）市场无风险利率的理论基础

市场无风险利率，顾名思义，是指在无风险条件下，资金所有者愿意接受的最低回报率。这一概念源于金融理论中的风险与收益对等原则，即投资者在承担更高风险时，期望获得更高的回报作为补偿。在无风险情况下，投资者无需担心本金损失或收益波动，因此其要求的回报率相对较低且稳定。在理论上，市场无风险利率通常被视为整个金融市场利率的基准，影响着各类金融资产的价格与收益率水平。

（二）市场无风险利率的实际选择

在实际操作中，确定市场无风险利率的具体数值并非易事，因为它需要考虑到多种因素的综合影响。一般来说，国债因其由国家信用背书，被认为是最接近无风险的投资品种，因此国债收益率常被用作市场无风险利率的代理变量。然而，不同期限、不同种类的国债收益率可能存在差异，因此在选择时需要根据具体情况进行判断。此外，随着金融市场的不断发展与创新，一些其他类型的无风险资产（如货币市场基金、回购协议等）也逐渐进入投资者的视野，成为市场无风险利率的潜在选择对象。然而，这些资产在流动性、安全性及收益率稳定性等方面可能存在差异，需要投资者进行充分评估与比较。

（三）影响市场无风险利率的因素

市场无风险利率的变动受到多种因素的影响，主要包括宏观经济环境、货币政策、通货膨胀预期等。宏观经济环境的稳定与否直接影响投资者对未来经济增长的预期及风险偏好水平，进而影响无风险利率的走势。货币政策作为调节经济运行的重要手段之一，通过调整存款准备金率、公开市场操作等方式影响市场流动性及利率水平。当央行实施宽松货币政策时，市场流动性增加，无风险利率可能下降；反之则上升。此外，通货膨胀预期也是影响无风险利率的重要因素之一。当市场预期未来通货膨胀率上升时，投资者会要求更高的回报率以弥补货币贬值带来的损失，从而推动无风险利率上升。

（四）市场无风险利率确定的重要性与注意事项

市场无风险利率的准确确定对于企业的财务决策具有重要意义。它不仅关系到债务成本的估算与融资策略的制定，还影响到投资项目的评估与选择。因此，在确定市场无风险利率时，企业需要充分考虑各种因素的影响并进行全面评估。同时，还需要注意以下几点：一是要关注市场动态变化及时调整无风险利率的估算值；二是要选择合适的无风险资产作为参考对象以确保估算结果的准确性；三是要充分考虑企业自身特点及融资需求来设定合理的无风险利率水平；四是要保持与金融市场及监管机构的沟通与协调以确保估算结果符合行业规范与监管要求。

三、市场风险溢价的估算

市场风险溢价作为金融市场中的一个核心概念，反映了投资者因承担市场风险而要求的额外回报。在债务成本与市场风险溢价的估算中，市场风险溢价的准确评估对于理解资本成本、评估投资项目以及制定投资策略至关重要。

（一）市场风险溢价的定义与理解

市场风险溢价，简而言之，是指投资者因承担市场整体波动风险而要求的超过无风险利率的额外回报。它体现了金融市场中风险与收益之间的基本关系，即风险越高，要求的回报也越高。市场风险溢价的存在是合理的，因为它补偿了投资者可能面临的资本损失风险，并激励投资者将资金投入到风险更高的资产中，从而推动资源的有效配置。在债务成本的估算中，市场风险溢价是确定债务成本的重要组成部分，它反映了债务投资者对企业违约风险及市场波动的综合评估。

（二）市场风险溢价的估算方法

市场风险溢价的估算方法多种多样，常见的有历史数据法、模型预测法及专家判断法等。历史数据法通过分析过去一段时间内市场指数或相关资产组合的收益率与无风险利率之差来估算市场风险溢价。这种方法简单直观，但可能受到历史数据时效性和代表性的限制。模型预测法则利用金融理论模型和统计方法，结合当前市场条件和经济环境，对未来市场风险溢价进行预测。这种方法更为复杂，但能够考虑更多因素，提高估算的准确性和前瞻性。专家判断法则依赖于金融领域专家的经验和专业知识，通过综合分析市场趋势、经济环境及政策变化等因素来估算市场风险溢价。这种方法虽然主观性较强，但在缺乏充分数据或模型支持的情况下仍具有参考价值。

（三）影响市场风险溢价的因素

市场风险溢价的水平受到多种因素的影响，包括宏观经济环境、市场波动性、投资者风险偏好及政策变化等。宏观经济环境的稳定与否直接影响市场信心和投资者预期，进而影响市场风险溢价。市场波动性增加时，投资者面临的不确定性增大，要求的风险溢价也会相应提高。投资者风险偏好则反映了投资者对风险的容忍程度和追求收益的意愿，不同的风险偏好水平会导致不同的市场风险溢价要求。此外，政策变化如货币政策调整、监管政策变动等也可能对市场风险溢价产生影响。

（四）市场风险溢价估算的实践应用

市场风险溢价的准确估算对于企业的财务决策具有重要意义。在债务融资方面，企业需要根据市场风险溢价来评估债务成本，制定合理的融资策略。在投资决策方面，市场风险溢价则是评估投资项目风险和收益的关键因素之一。通过比较项目的预期收益率与市场风险溢价水平，企业可以判断项目是否具有投资价值。此外，市场风险溢价估算还可用于资产配置、风险管理及投资策略制定等多个领域。在实践中，企业应根据自身特点和市场环境选择合适的市场风险溢价估算方法，并结合实际情况进行灵活调整和应用。

四、债务成本与市场风险溢价的综合应用

在企业的财务管理与战略决策中，债务成本与市场风险溢价的综合应用是至关重要的一环。这两者的准确估算不仅关乎企业的融资成本与资本结构优化，还直接影响到投资项目的评估与选择，以及整体财务风险的管理与控制。

（一）融资策略制定

在融资策略的制定过程中，债务成本与市场风险溢价的估算为企业提供了关键的参考依据。企业需根据自身的信用评级、市场条件及融资需求，合理预测债务成本，并考虑市场风险溢价的影响，以确定最佳的融资方式和融资结构。通过比较不同融资方式的成本与风险，企业可以选择成本较低且风险可控的融资方案，降低融资成本，提高融资效率。同时，企业还需关注市场利率的变动趋势及市场风险溢价的变化情况，灵活调整融资策略，以应对市场变化带来的挑战。

（二）投资决策分析

在投资决策分析中，债务成本与市场风险溢价的估算同样具有重要作用。企业需对投资项目的预期收益率、债务成本及市场风险溢价进行全面评估，以确定项目的净现值、内部收益率等关键指标。通过比较项目的预期收益与债务成本及市场风险溢价之和，企业可以判断项目是否具有投资价值。此外，企业还需考虑不同投资项目的风险与收益特征，结合自身的风险偏好和投资目标，制定科学合理的投资组合策略，以实现风险与收益的最佳平衡。

（三）资本结构优化

资本结构优化是企业财务管理的重要目标之一。债务成本与市场风险溢价的估算为企业提供了优化资本结构的依据。企业需根据自身的经营状况、财务状况及市场环境，合理确定债务与股权的比例关系，以降低综合资本成本，提高资本使用效率。在优化资本结构的过程中，企业需关注债务成本的变化趋势及市场风险溢价的影响，适时调整债务规模与结构，以应对市场变化带来的风险。同时，企业还需加强内部管理，提高经营效率，增强盈利能力，为资本结构的持续优化提供有力支持。

（四）风险管理

债务成本与市场风险溢价的估算在企业的风险管理中也发挥着重要作用。企业需根据债务成本与市场风险溢价的变化情况，及时识别、评估并应对潜在的财务风险。通过建立健全的风险管理体系，企业可以实现对财务风险的全面监控和有效控制。在风险管理过程中，企业需关注市场利率的变动趋势及市场风险溢价的变化情况，及时调整风险管理策略，以应对市场变化带来的风险。同时，企业还需加强与金融机构、投资者及监管机构的沟通与协作，共同构建良好的风险管理生态环境，为企业的稳健发展保驾护航。

债务成本与市场风险溢价的综合应用贯穿于企业的融资策略制定、投资决策分析、资本结构优化及风险管理等多个方面。企业需充分重视这两者的估算与分析工作，以科学的态度和方法进行决策与管理，以实现企业的可持续发展目标。

第三节 股权成本估算

一、CAPM 模型在股权成本估算中的应用

资本资产定价模型（capital asset pricing model, CAPM）作为现代金融理论的基石之一，在股权成本估算中发挥着不可或缺的作用。通过合理应用 CAPM 模型，企业能够更准确地评估股权融资成本，为投资决策、资本结构优化及风险管理提供有力支持。以下将从模型基础、应用步骤、影响因素及实践意义四个方面，深入分析 CAPM 模型在股权成本估算中的应用。

（一）CAPM 模型基础

CAPM 模型由美国经济学家威廉·夏普、约翰·林特纳和杰克·特雷诺等人于 20 世纪 60 年代提出，旨在揭示资产预期收益率与其风险之间的数量关系。该模型以有效市场假说和资产组合理论为基础，假设所有投资者均按马科维茨的资产选择理论进行投资决策，且对市场的预期一致。在 CAPM 框架下，资产的预期收益率被分解为无风险收益率和风险溢价两部分，其中风险溢价与资产的系统性风险（即 β 系数）成正比。这一模型为股权成本的估算提供了一个简洁而有力的工具。

（二）CAPM 模型在股权成本估算中的应用步骤

1.确定无风险收益率

通常选择长期国债的收益率作为无风险收益率的代表，因其由国家信用背书，风险极低。

2. 估算 β 系数

β 系数是衡量资产系统性风险的重要指标，反映了资产收益率与市场整体收益率之间的协动性。企业可通过历史数据回归等方法估算目标股票的 β 值。

3. 确定市场平均收益率

市场平均收益率可通过市场指数（如标普 500 指数、沪深 300 指数等）的历史平均收益率来估算，代表市场整体的表现水平。

4. 计算股权成本

根据 CAPM 模型公式（股权成本 = 无风险收益率 +β×（市场平均收益率 − 无风险收益率）），将上述参数代入公式，即可得到目标股票的股权成本。

（三）影响 CAPM 模型估算股权成本的因素

1. 市场条件

市场整体的波动性和预期变化会直接影响市场平均收益率和 β 系数的估算，进而影响股权成本的计算结果。

2. 数据选择与处理

估算 β 系数时选择的历史数据区间、样本股票的选择及处理方式等都会对结果产生影响。

3. 模型假设的适用性

CAPM 模型基于一系列假设，如有效市场假说、投资者预期一致等。在实际应用中，这些假设可能并不完全成立，从而影响模型的准确性。

4. 宏观经济因素

如通货膨胀、货币政策、经济周期等宏观经济因素也会对股权成本的估算产生影响。

（四）CAPM 模型在股权成本估算中的实践意义

1. 指导投资决策

通过估算股权成本，企业可以评估投资项目的可行性，判断项目的预期收益率是否高于股权成本，从而做出是否投资的决策。

2. 优化资本结构

股权成本的估算有助于企业了解不同融资方式的成本差异，从而优化资本结构，降低综合资本成本。

3. 风险管理

股权成本的估算为企业提供了风险管理的参考依据。企业可以根据股权成本的变化情况及时调整风险管理策略，以应对市场变化带来的风险。

4. 价值评估

在并购、重组等资本运作中，股权成本的估算有助于企业准确评估目标企业的价值，为制定合理的交易价格提供依据。

总之，CAPM 模型在股权成本估算中的应用具有重要意义。企业需充分了解模型的基础原理和应用步骤，关注影响因素的变化情况，并结合实际情况灵活运用模型结果，以指导投资决策、优化资本结构、加强风险管理和提升价值创造能力。

二、Fama-French 三因子模型的介绍

在股权成本估算的领域中，Fama-French 三因子模型（简称 FF 三因子模型）是对传统 CAPM 模型的重要补充与拓展。该模型由尤金·法玛（Eugene Fama）和肯尼斯·法兰奇（Kenneth French）于 1990 年代初提出，旨在更全面地解释股票收益率的横截面差异。

CAPM 模型虽然为资产定价提供了简洁的框架，但在实际应用中逐渐暴露出对股票收益率解释力不足的问题。特别是对于一些小市值股票和高账面市值比（B/M）股票，CAPM 模型往往无法准确预测其超额收益。为了解决这一问题，Fama 和 French 在深入研究股票市场的基础上，提出了包含市场风险、市值因素和账面市值比因素在内的 FF 三因子模型。这一模型不仅扩展了资产定价的维度，也提高了对股票收益率预测的准确性。

（二）模型构成

FF 三因子模型的核心在于其三个关键因子：市场风险因子（RMF）、市值因子（SMB）和账面市值比因子（HML）。这三个因子共同构成了模型的基本框架，用于解释股票收益率的横截面差异。

1. 市场风险因子（RMF）

该因子反映了市场整体的风险水平，与 CAPM 模型中的市场风险溢价相对应。在 FF 三因子模型中，市场风险因子继续作为影响股票收益率的重要因素之一。

2. 市值因子（SMB）

市值因子代表了小市值股票相对于大市值股票的超额收益。这一因子的引入，旨在解释小市值股票普遍具有较高收益率的现象。在 FF 三因子模型中，SMB 被定义为小市值股票组合与大市值股票组合收益率之差。

3. 账面市值比因子（HML）

账面市值比因子反映了高账面市值比股票相对于低账面市值比股票的超额收益。这一因子的提出，旨在解释账面市值比效应，即高 B/M 值的股票往往具有更高的平均收益率。在 FF 三因子模型中，HML 被定义为高 B/M 值股票组合与低 B/M 值股票组合收益率之差。

（三）模型应用

FF 因子模型在股权成本估算、投资组合构建及风险管理等方面具有广泛的应用价值。

1. 股权成本估算

通过 FF 三因子模型，企业可以更准确地估算股权成本。在模型中，股权成本被分解为无风险收益率、市场风险溢价以及市值因子和账面市值比因子的影响。这种分解方式有助于企业更全面地考虑影响股权成本的各种因素，从而得出更为合理的估算结果。

2. 投资组合构建

FF 三因子模型为投资者提供了构建投资组合的新思路。投资者可以根据市值因子和账面市值比因子的表现，选择具有不同风险收益特征的股票进行组合投资。通过合理配置不同因子的暴露度，投资者可以构建出符合自身风险偏好和投资目标的投资组合。

3. 风险管理

在风险管理中，FF 三因子模型同样发挥着重要作用。通过监测市值因子和账面市值比因子的变化情况，企业可以及时发现潜在的市场风险并采取相应的风险管理措施。同时，企业还可以利用 FF 三因子模型对投资组合进行压力测试和风险评估，以确保投资组合在不利市场环境下的稳健性。

FF 三因子模型作为对传统 CAPM 模型的重要补充与拓展，在股权成本估算、投资组合构建及风险管理等方面具有广泛的应用价值。通过深入理解该模型的背景、构成及应用方式，企业可以更好地把握市场动态、优化投资决策并提升风险管理水平。

三、两种模型的比较与选择

在股权成本估算的实践中，CAPM 模型与 FF 三因子模型作为两种主要的资产定价模型，各自具有独特的优势与局限性。对于投资者和企业而言，理解这两种模型的差异，并根据实际情况进行选择和应用，是制定合理投资策略和优化资本结构的关键。

（一）理论基础

CAPM 模型基于有效市场假说和资产组合理论，认为资产的预期收益率仅由市场风险决定，并通过 β 系数衡量。这一模型简洁明了，为资产定价提供了直观的框架。然而，其假设条件较为苛刻，如完全市场有效性、投资者理性及相同的风险偏好等，在现实中往往难以完全满足。

相比之下，FF 三因子模型在 CAPM 的基础上进行了拓展，引入了市值因子和账面市值比因子，以更全面地解释股票收益率的横截面差异。这一模型放宽了 CAPM 的假设条件，更加贴近现实市场的复杂性。通过引入更多维度的风险因素，FF 三因子模型提高了对股票收益率预测的准确性。

（二）解释能力

在解释能力方面，CAPM 模型虽然具有一定的适用性，但在面对小市值股票和高账面市值比股票时，其解释力显得不足。这些股票往往表现出与 CAPM 预测不符的超额收益，即所谓的"异象"。

而 FF 三因子模型通过引入市值因子和账面市值比因子，成功解释了这些异象。研究表明，FF 三因子模型能够更准确地预测股票收益率，特别是对于小市值股票和高账面市值比股票具有更强的解释力。因此，在解释能力方面，FF 三因子模型相对于 CAPM 模型具有显著优势。

（三）适用范围

CAPM 模型由于其简洁性和直观性，在学术研究和实际投资中得到了广泛应用。然而，其适用范围相对有限，主要适用于市场风险占主导地位的情境。在存在显著非系统性风险或市场异象的情境中，CAPM 模型的准确性可能受到质疑。

FF 三因子模型则具有更广泛的适用范围。通过引入市值因子和账面市值比因子，该模型能够更全面地反映市场的风险结构，从而更准确地预测股票收益率。无论是对于大型蓝筹股还是小型成长股，FF 三因子模型都表现出较强的适用性。

（四）实际应用

在实际应用中，投资者和企业应根据具体情况选择合适的模型进行股权成本估算。对于那些追求简洁性和直观性的投资者而言，CAPM 模型可能是一个不错的选择。然而，在需要更全面地考虑市场风险和股票特性的情境中，FF 三因子模型则更具优势。

此外，投资者和企业还应关注模型的时效性和适应性。随着市场环境的不断变化和新的研究成果的出现，CAPM 模型和 FF 三因子模型也需要不断进行修正和完善。因此，在选择模型时，投资者和企业应关注最新的研究成果和市场动态，以确保所选模型能够准确反映市场实际情况。

CAPM 模型与 FF 三因子模型在股权成本估算中各具特色。投资者和企业应根据实际情况选择合适的模型进行应用，并在实际应用中关注模型的时效性和适应性。通过深入理解这两种模型的差异和优势，投资者和企业可以更加科学地制定投资策略和优化资本结构，实现长期稳健的投资回报。

第四节 敏感性分析与情景分析

一、敏感性分析的基本概念

敏感性分析，作为一种重要的不确定性分析方法，在多个领域如金融、工程、环境科学等中扮演着关键角色。它通过对模型或系统中输入参数的微小变化进行量化分析，评估这些变化对输出结果的影响程度，从而识别出影响系统性能或决策结果的关键变量。

（一）定义

敏感性分析，顾名思义，是评估系统或模型对输入参数变化的敏感程度的一种分析方法。它关注于输入参数的微小变动如何导致输出结果的显著变化，从而揭示出系统或模型的内在稳定性和脆弱性。在股权成本估算、项目评估、风险管理等多个领域，敏感性分析都是不可或缺的工具，帮助决策者更好地理解和应对不确定性。

（二）目的

敏感性分析的主要目的在于识别出影响系统或模型性能的关键变量，并量化这些变量变化对输出结果的影响程度。通过敏感性分析，决策者可以清晰地了解哪些因素是需要重点关注的，哪些变化可能导致不可接受的结果，从而制定相应的策略来降低风险或优化性能。此外，敏感性分析还有助于提高决策的科学性和准确性，为制定稳健的决策方案提供有力支持。

（三）方法

敏感性分析的方法多种多样，但基本思路都是通过改变输入参数的值来观察输出结果的变化。根据分析的范围和复杂程度，敏感性分析可以分为局部敏感性分析和全局敏感性分析两类。局部敏感性分析关注于特定参数在某一范围内的变化对输出结果的影响，通常通过求导数或差分等方法来实现。而全局敏感性分析则考虑所有参数在整个取值空间内的变化对输出结果的综合影响，通常采用蒙特卡洛模拟、方差分析等方法来进行分析。此外，还有多因素敏感性分析、动态敏感性分析等多种方法，以适应不同领域和问题的需求。

（四）应用

敏感性分析在金融、工程、环境科学等多个领域都有广泛的应用。在金融领域，敏感性分析用于评估市场参数（如利率、汇率、股票价格等）的变化对投资组合或金融工具价值的影响，帮助投资者制定风险管理策略。在工程领域，敏感性分析用于评估设计参数的变化对产品性能或结构安全性的影响，确保工程项目的可靠性和经济性。在环境科学领域，敏感性分析帮助研究者了解不同环境因素对生态系统或环境质量的影响，为环境保护和治理提供科学依据。此外，在项目管理、政策评估、科学研究等多个领域，敏感性分析也发挥着重要作用，为决策者提供有力的支持。

敏感性分析作为一种重要的不确定性分析方法，在多个领域中具有广泛的应用价值。通过深入理解敏感性分析的基本概念、目的、方法及应用，我们可以更好地利用这一工具来应对不确定性挑战，提高决策的科学性和准确性。

二、敏感性分析在资本成本估算中的应用

在资本成本估算的过程中，敏感性分析作为一种强大的工具，其应用不仅有助于深入理解各影响因素对资本成本的作用机制，还能为决策者提供关于风险管理和策略调整的宝贵见解。

（一）识别关键影响因素

资本成本估算涉及多个变量，包括市场风险溢价、无风险利率、贝塔系数（β）、企业特定风险调整等。这些变量在不同程度上影响着资本成本的计算结果。通过敏感性分析，可以系统地评估每个变量对资本成本的影响程度，从而识别出关键影响因素。例如，在市场波动较大的时期，市场风险溢价的变化可能对资本成本产生显著影响，成为决策者需要重点关注的因素。通过敏感性分析，企业能够清晰地了解哪些变量对资本成本具有较大的影响，进而在决策过程中给予更多的关注和权重。

（二）量化风险与不确定性

资本成本估算过程中充满了不确定性和风险。这些不确定性和风险可能来源于市场环境的变化、企业内部经营状况的调整以及外部政策法规的变动等多个方面。敏感性分析通过量化不同变量变化对资本成本的影响，帮助决策者更准确地评估风险水平。通过设定不同的变量变化情景，观察资本成本在不同情景下的变动范围，决策者可以更加直观地了解风险的大小和分布。这种量化的风险评估方法有助于企业制定更加稳健和科学的投资策略，降低因不确定性带来的潜在损失。

（三）优化资本成本估算模型

敏感性分析不仅用于评估现有模型对输入参数变化的敏感程度，还可以为模型的优化提供重要依据。在资本成本估算中，模型的选择和参数的设定往往直接

影响估算结果的准确性和可靠性。通过敏感性分析，可以识别出模型中可能存在的缺陷或不足，如某些参数对资本成本的影响过于微弱或过于敏感等。针对这些问题，可以对模型进行相应的调整和优化，如重新选择参数、改进模型结构等，以提高估算结果的准确性和实用性。此外，敏感性分析还可以帮助决策者了解不同模型之间的差异和优劣，从而选择最适合企业实际情况的估算模型。

敏感性分析在资本成本估算中的应用具有重要意义。通过识别关键影响因素、量化风险与不确定性以及优化资本成本估算模型等方面的工作，敏感性分析为决策者提供了更加全面和深入的信息支持。这不仅有助于企业制定更加科学合理的投资策略和风险管理方案，还有助于提高资本成本估算的准确性和可靠性，为企业的稳健发展提供有力保障。因此，在资本成本估算过程中，应充分重视并有效运用敏感性分析这一重要工具。

三、情景分析的构建与实施

情景分析作为一种前瞻性的分析工具，在不确定性较高的环境中显得尤为重要。它通过构建一系列可能的未来情景，帮助决策者理解不同情境下的潜在影响，从而制定更加灵活和适应性强的策略。

（一）情景定义的明确与细化

情景分析的第一步是明确并细化将要分析的情景。这涉及对影响资本成本及更广泛金融环境的关键因素进行识别，并基于这些因素的不同组合构建出多个可能的未来情景。这些情景应当具有代表性和差异性，能够覆盖从乐观到悲观的各种可能性，以便全面评估不同情境下的影响。在定义情景时，需要明确每个情景的核心特征、发生概率以及可能的时间框架，以确保情景的准确性和可操作性。通过这一过程，决策者可以清晰地看到不同情景下的资本成本变化趋势，为后续的决策制定提供依据。

（二）情景构建的逻辑与合理性

情景构建的逻辑与合理性是情景分析能否成功实施的关键。在构建情景时，需要遵循一定的逻辑原则，如一致性、连贯性和可解释性等。一致性要求情景中的各个元素之间相互协调，不出现矛盾或冲突；连贯性则强调情景的发展过程应当符合逻辑顺序和时间线索；可解释性则要求情景的构建能够清晰地传达出背后的假设和推理过程，便于理解和接受。此外，情景的合理性也是不可忽视的。合理性不仅体现在情景的外部逻辑上，还体现在情景是否符合实际情况和客观规律上。只有构建出既符合逻辑又合理的情景，才能确保情景分析的有效性和可靠性。

（三）情景实施与策略调整

情景分析的实施过程是将构建的情景应用于实际决策中的关键步骤。在这一阶段，决策者需要针对每个情景制定相应的应对策略和行动计划，并评估这些策略在不同情景下的有效性和可行性。同时，还需要建立一种机制来监控和评估情景的变化情况，以便在必要时进行策略调整。情景实施的过程不仅是一个静态的决策过程，更是一个动态的适应过程。随着外部环境的变化和内部条件的调整，决策者需要不断调整和优化策略组合，以确保在不确定性的环境中保持竞争力和适应性。在资本成本估算领域，情景实施意味着根据不同情景下的资本成本变化趋势，灵活调整融资结构、投资组合或风险管理措施等，以实现企业价值的最大化。

情景分析的构建与实施是一个复杂而细致的过程，需要决策者具备前瞻性的思维、敏锐的洞察力和科学的决策方法。通过明确情景定义、构建合理情景以及实施有效策略调整等措施，决策者可以更好地应对不确定性带来的挑战和机遇，为企业的稳健发展提供有力保障。

四、风险管理与决策制定的综合应用

在复杂多变的商业环境中，风险管理与决策制定是企业持续发展的关键。敏感性分析与情景分析作为两种强有力的分析工具，在风险识别、评估、监控及决策支持方面发挥着不可替代的作用。

（一）风险识别与评估的深化

风险识别与评估是风险管理的首要步骤，也是决策制定的基础。通过敏感性分析，企业能够系统地识别出影响资本成本、市场份额、利润水平等关键指标的因素，并量化这些因素变化对结果的影响程度。这一过程不仅帮助企业明确了潜在的风险点，还揭示了风险之间的相互作用关系。而情景分析则进一步扩展了风险识别的视野，通过构建多个可能的未来情景，揭示了在不同情境下风险可能的表现形式和影响路径。这种结合使用的方法，使得风险识别更加全面深入，风险评估更加准确客观，为后续的决策制定提供了坚实的基础。

（二）风险监控与预警机制的建立

在风险管理与决策制定的过程中，风险监控与预警机制的建立至关重要。敏感性分析能够为企业提供关键指标的预警阈值，一旦这些指标发生异常波动，企业就能迅速反应并采取相应的措施。而情景分析则通过模拟不同情境下的风险演变路径，帮助企业预测未来可能面临的风险挑战，并提前制订应对策略。将敏感性分析与情景分析相结合，企业可以构建一个多维度的风险监控与预警系统，实现对风险的实时监控、动态评估和及时响应。这种机制不仅能够有效降低风险发生的概率和影响程度，还能提升企业的应变能力和竞争力。

（三）决策制定的科学性与灵活性

决策制定的科学性与灵活性是企业应对不确定性挑战的关键。敏感性分析通过量化不同因素对结果的影响程度，为决策者提供了清晰的决策依据和参考范围。这使得决策者在制定策略时能够更加理性、客观地权衡利弊得失，避免盲目决策和主观臆断。而情景分析则通过构建多个可能的未来情景，帮助决策者了解不同情境下的潜在影响和应对策略的有效性。这种基于多种可能性的决策思维方式，使得决策更加具有前瞻性和灵活性。将敏感性分析与情景分析相结合应用于决策制定过程中，企业能够在充分考虑各种不确定性的基础上做出更加科学、合理的决策选择，并根据实际情况灵活调整策略方向和执行方案。

敏感性分析与情景分析在风险管理与决策制定的综合应用中发挥着重要作用。通过深化风险识别与评估、建立风险监控与预警机制以及提升决策制定的科学性与灵活性等方面的工作，企业能够更好地应对不确定性带来的挑战和机遇，实现稳健发展。因此，在未来的经营管理实践中，企业应高度重视并有效运用这两种分析工具以提升自身的风险管理水平和决策能力。

第五节　Python 工具在资本成本估算中的应用

一、Python 金融数据分析库介绍

在金融数据分析领域，Python 凭借其强大的库和工具集，已成为不可或缺的分析工具之一。特别是在资本成本估算这一关键领域，Python 的灵活性和高效性得到了充分体现。

（一）数据获取与预处理：Pandas 与数据抓取工具

在资本成本估算的初始阶段，数据获取是至关重要的一步。Python 中的 Pandas 库以其高效的数据处理能力，成为金融数据分析的首选工具。Pandas 不仅支持从 CSV、Excel 等多种格式的文件中读取数据，还能与数据库直接交互，获取实时或历史金融数据。此外，结合 requests 和 Beautiful Soup 等库，Python 还能实现网页数据的抓取，进一步拓宽了数据获取的来源。

在数据预处理阶段，Pandas 同样展现出强大的功能。它提供了丰富的数据清洗、转换和格式化工具，能够轻松处理缺失值、异常值，并进行数据类型的转换和标准化。这些功能对于资本成本估算尤为重要，因为准确、完整的数据是估算结果可靠性的基础。通过 Pandas 的预处理，可以确保输入到资本成本估算模型

中的数据质量，提高估算结果的准确性。

（二）数据分析与建模：NumPy、SciPy 与 scikit-learn

在获取并预处理完数据后，接下来便是进行数据分析与建模。NumPy 作为 Python 科学计算的基础库，为金融数据分析提供了强大的数学和统计支持。它引入了多维数组和矩阵对象，使得在 Python 中进行复杂的数学运算变得简单高效。在资本成本估算中，NumPy 常被用于计算各种财务指标和比率，如市盈率、市净率等，为后续的建模工作提供基础数据。

SciPy 则是在 NumPy 的基础上进一步扩展了科学计算的功能，包括优化、积分、微分方程求解等高级算法。这些算法在资本成本估算的复杂模型构建中发挥着重要作用。例如，利用 SciPy 的优化算法可以求解资本成本的最小化问题，从而得到最优的资本成本估算结果。

而 scikit-learn 作为 Python 中最流行的机器学习库之一，为金融数据分析提供了丰富的模型选择和训练工具。在资本成本估算中，可以利用 scikit-learn 构建基于历史数据的预测模型，如线性回归、随机森林等，以实现对未来资本成本的预测。这些模型不仅可以帮助企业制定更加科学的融资策略，还能为投资决策提供有力支持。

（三）数据可视化：Matplotlib、Seaborn 与 Plotly

数据可视化是金融数据分析中不可或缺的一环。Python 中的 Matplotlib、Seaborn 和 Plotly 等库提供了丰富的图表类型和定制选项，使得复杂的数据能够以直观、易懂的方式呈现出来。在资本成本估算中，这些可视化工具可以帮助分析师更好地理解数据背后的规律和趋势。

例如，可以使用 Matplotlib 绘制资本成本的历史走势图，观察其随时间的变化情况；利用 Seaborn 绘制散点图或箱线图，分析不同因素对资本成本的影响程度；或者通过 Plotly 创建交互式图表，实现数据的动态展示和深入分析。这些可视化手段不仅提高了数据分析的效率和准确性，还增强了报告和演示的直观性和说服力。

Python 在金融数据分析中的库和工具集为资本成本估算提供了全面的支持。从数据获取与预处理到数据分析与建模再到数据可视化，Python 以其强大的功能和灵活性满足了金融数据分析的多样化需求。随着技术的不断发展和完善，Python 在金融领域的应用前景将更加广阔。

二、WACC 计算的 Python 实现

加权平均资本成本（WACC）是衡量企业整体资本成本的关键指标，对于投资决策、融资策略以及企业价值评估具有重要意义。在 Python 中，通过有效利用其强大的数据分析与计算库，我们可以高效地实现 WACC 的计算。

（一）数据准备与输入

WACC 计算的第一步是准备并输入必要的数据。这包括企业的资本结构（即债务与股权的比例）、债务成本（包括税后债务成本）、股权成本以及市场价值等。在 Python 中，我们可以使用 Pandas 库来管理和处理这些数据。Pandas 提供了灵活的数据结构（如 Data Frame 和 Series），方便我们存储和访问这些财务数据。此外，我们还可以利用 Pandas 的读取功能，从 CSV、Excel 或其他数据源中直接导入数据，极大地简化了数据准备的过程。

在数据输入时，需要特别注意数据的准确性和完整性。例如，债务成本应考虑不同期限的债务及其对应的利率，而股权成本则可能涉及多种估算方法（如资本资产定价模型 CAPM）。Python 的灵活性和可扩展性允许我们根据不同的数据来源和估算方法，灵活地调整数据输入的方式和格式。

（二）计算股权成本和债务成本

股权成本和债务成本是 WACC 计算中的两个关键组成部分。在 Python 中，我们可以使用 NumPy 和 SciPy 等库来计算这些成本。对于股权成本，如果采用

CAPM 模型，我们需要输入无风险利率、市场风险溢价和个股的贝塔系数。这些参数可以通过市场数据或专业机构提供的数据获得。然后，我们可以使用 Python 编写简单的函数来计算股权成本。

债务成本的计算相对简单，但也需要考虑税收的影响。税后债务成本等于税前债务成本乘以（1-税率）。在 Python 中，我们可以利用基本的算术运算来实现这一计算过程。需要注意的是，如果企业有多种类型的债务（如长期债务和短期债务），我们需要分别计算每种债务的成本，并按照其在资本结构中的比例进行加权。

（三）WACC 的计算公式

在准备好所有必要的数据并计算出股权成本和债务成本后，我们就可以根据 WACC 的计算公式来实现其 Python 代码了。WACC 的计算公式通常表示为：

$$WACC = (\frac{E}{V}) \times R_e + (\frac{D}{V}) \times R_d \times (1 - T_c)$$

其中，E 是股权的市场价值，D 是债务的市场价值，$V=E+D$ 是企业的总市场价值，R_e 是股权成本，R_d 是税后债务成本，T_c 是企业所得税率。

在 Python 中，我们可以将上述公式转化为代码，并使用前面计算得到的股权成本和债务成本作为输入参数。这样，我们就可以轻松地计算出 WACC 的值了。

（四）结果分析与优化

完成 WACC 的计算后，我们需要对结果进行深入的分析和优化。在 Python 中，我们可以利用 Matplotlib、Seaborn 或 Plotly 等库来可视化 WACC 的计算结果，以便更好地理解其变化趋势和影响因素。例如，我们可以绘制不同资本结构下 WACC 的对比图，或者分析不同债务成本和股权成本变化对 WACC 的影响。

此外，我们还可以根据 WACC 的计算结果来优化企业的资本结构和融资策略。如果 WACC 过高，说明企业的整体资本成本较高，可能需要通过调整债务和股权的比例、降低债务成本或提高股权回报率等方式来降低资本成本。Python

的灵活性和可扩展性使得我们可以轻松地模拟不同的情景和策略，并比较其对 WACC 的影响，从而为企业制定更加科学的融资和投资决策提供支持。

三、股权成本估算模型的 Python 编写

股权成本是资本成本估算中的核心要素之一，对于评估企业投资价值、制定融资策略及进行项目决策具有重要意义。在 Python 中，我们可以编写各种股权成本估算模型，以灵活应对不同情境下的估算需求。

（一）理解股权成本估算的基础理论

在编写股权成本估算模型之前，首先需要深入理解其背后的理论基础。常见的股权成本估算模型包括资本资产定价模型（CAPM）、多因素模型、历史平均收益法及股利折现模型等。每种模型都有其适用的场景和假设条件，理解这些模型的基本原理和限制是编写准确估算模型的前提。例如，CAPM 模型假设市场是有效的，投资者是风险厌恶的，且可以通过市场组合来分散非系统性风险。这些假设在现实世界中可能并不完全成立，但 CAPM 模型仍为股权成本估算提供了一个简单而有效的框架。

（二）选择合适的 Python 库与工具

Python 提供了丰富的库和工具，支持各种数学和统计计算，这为编写股权成本估算模型提供了强大支持。在编写模型时，应根据实际需求选择合适的库。例如，NumPy 和 SciPy 提供了强大的数学和科学计算功能，适用于处理复杂的数学公式和算法；Pandas 则适用于数据处理和分析，可以方便地导入、处理和转换财务数据；Matplotlib、Seaborn 等库则可用于结果的可视化展示。通过合理使用这些库和工具，可以显著提高模型编写的效率和准确性。

（三）编写模型框架与核心算法

在理解了基础理论并选择了合适的工具后，接下来需要编写模型的框架和核心算法。对于不同的股权成本估算模型，其框架和算法可能有所不同。以 CAPM

模型为例，其核心算法包括计算无风险利率、市场风险溢价、个股贝塔系数以及利用这些参数计算股权成本。在编写算法时，需要确保逻辑清晰、计算准确，并充分考虑异常值和数据缺失的处理。此外，为了提高模型的灵活性和可扩展性，还可以采用模块化编程思想，将不同的功能模块封装成独立的函数或类。

（四）测试与验证模型准确性

编写完模型后，需要对其进行测试和验证以确保其准确性和可靠性。测试阶段可以通过模拟数据或实际财务数据进行多次计算，比较模型的输出结果与预期结果是否一致。此外，还可以利用统计学方法（如置信区间、假设检验等）来评估模型的准确性和稳定性。如果发现模型存在偏差或不稳定的情况，应及时对模型进行调整和优化。验证阶段则可以与其他已知的估算方法或专业机构的估算结果进行对比分析，以进一步验证模型的准确性和适用性。

（五）优化与改进模型

随着市场环境和企业财务状况的变化，股权成本估算模型也需要不断优化和改进以适应新的需求。在优化模型时，可以考虑引入更多的影响因素和变量以提高估算的精度和准确性。例如，在 CAPM 模型的基础上引入行业因素或宏观经济因素以构建多因素模型；或者根据企业实际情况调整模型参数和假设条件以更好地反映企业的实际情况。此外，还可以利用机器学习等先进技术对模型进行自动化优化和调整以提高其自适应性和智能化水平。总之，优化和改进模型是一个持续的过程需要不断地关注市场动态和企业财务状况的变化并及时对模型进行调整和优化。

四、敏感性分析与情景分析的 Python 辅助工具

在资本成本估算过程中，敏感性分析与情景分析是评估不同变量变化对估算结果影响的重要工具。Python 凭借其强大的数据处理能力和丰富的库支持，为这两种分析提供了高效、灵活的辅助工具。

（一）Python 在敏感性分析中的应用

敏感性分析旨在探究模型中某一或某些关键变量变化时，对输出结果的影响程度。在资本成本估算中，这些关键变量可能包括无风险利率、市场风险溢价、企业贝塔系数、债务成本等。Python 通过其数据处理和可视化库，如 Pandas、NumPy 和 Matplotlib，能够轻松实现敏感性分析。

首先，利用 Pandas 库可以方便地处理和分析财务数据，构建包含关键变量的数据集。其次，通过编写循环或利用 NumPy 的向量化操作，可以系统地改变这些变量的值，并重新计算资本成本。最后，利用 Matplotlib 等可视化工具，可以绘制出不同变量变化下资本成本的变化趋势图，直观地展示敏感性分析结果。

此外，Python 还支持自动化报告生成，可以将敏感性分析的结果整理成表格或报告，便于决策者理解和使用。

（二）Python 在情景分析中的应用

情景分析是一种预测未来可能情况的方法，通过构建不同的情景来模拟未来可能发生的各种情况及其对资本成本估算的影响。Python 在情景分析中的应用同样广泛且高效。

在构建情景时，Python 可以通过修改模型中的参数或假设条件来模拟不同的市场环境、经济状况或企业策略。例如，可以构建乐观、悲观和基准三种情景，分别对应不同的无风险利率、市场风险溢价和债务成本等参数值。然后，利用 Python 的循环和条件语句，可以自动计算每种情景下的资本成本，并进行对比分析。

Python 的可视化工具在情景分析中同样发挥着重要作用。通过绘制不同情景下资本成本的对比图或热力图等，可以直观地展示不同情景之间的差异和趋势，帮助决策者更好地理解未来可能的风险和机遇。

（三）Python 辅助工具的集成与优化

在敏感性分析与情景分析中，Python 的多个库和工具可以相互集成，形成一套完整的分析体系。例如，可以将 Pandas 用于数据处理和清洗，NumPy 用于数学计算和模拟，Matplotlib 用于结果可视化，而 SciPy 等库则可以提供更高级的统计分析和优化算法。

此外，为了进一步提高分析效率和准确性，还可以对 Python 辅助工具进行优化。例如，利用并行计算库（如 Dask 或 Joblib）来加速大规模数据处理和计算；利用机器学习算法来预测未来参数值或优化模型参数；以及开发自定义的函数和模块来满足特定的分析需求。

总之，Python 在敏感性分析与情景分析中的应用为资本成本估算提供了强大的支持。通过利用其数据处理、计算和可视化能力，可以高效地构建分析模型、模拟不同情景并评估其对资本成本的影响。同时，通过不断优化和集成 Python 辅助工具，可以进一步提高分析的准确性和效率，为企业的决策提供更加可靠和科学的依据。

第八章 财务自动化与报表生成

第一节 自动化财务报表生成流程

一、财务报表自动化生成的意义

在现代企业管理的广阔领域中，财务报表作为反映企业财务状况、经营成果和现金流量的重要工具，其编制工作的准确性和效率性直接关乎企业的决策质量和市场竞争力。随着信息技术的飞速发展，财务报表的自动化生成已成为企业财务管理现代化的重要标志。

（一）提升财务报表编制效率与质量

传统的手工编制财务报表方式，不仅耗时耗力，且易受人为因素影响，导致报表数据的准确性和时效性难以保证。而财务报表的自动化生成，通过预设的财务软件和算法，能够自动从企业的财务系统中提取、整合并处理数据，大大缩短了报表编制的时间周期。同时，自动化处理减少了人为干预，降低了计算错误和遗漏的风险，提高了报表数据的准确性和可靠性。这种高效、准确的报表编制方式，为企业管理层提供了更加及时、可靠的财务信息支持，有助于其做出更加精准的战略决策。

（二）增强企业财务管理的规范性与透明度

财务报表的自动化生成，意味着企业的财务管理流程将被标准化和规范化。通过设定统一的财务报表模板和数据处理规则，自动化系统能够确保每次生成的报表格式一致、内容完整，符合会计准则和监管要求。这不仅提高了企业财务管理的规范性，也增强了财务信息的透明度，有利于企业内部各部门之间的信息共享和协作，以及外部投资者、债权人等利益相关者对企业财务状况的了解和评估。此外，自动化生成的财务报表还可以作为企业内部审计和外部审计的重要依据，进一步提升企业的财务管理水平和公信力。

（三）促进企业财务管理的智能化与信息化发展

财务报表的自动化生成，是企业财务管理向智能化、信息化方向迈进的重要一步。通过集成大数据、人工智能等先进技术，自动化系统能够对企业财务数据进行深度挖掘和分析，发现潜在的经营风险和机会，为企业的战略规划和经营决策提供有力支持。同时，自动化生成的财务报表还可以与企业的其他信息系统（如ERP、CRM等）实现无缝对接，形成全面的企业信息管理体系，进一步提升企业的信息化水平和竞争力。这种智能化、信息化的财务管理模式，不仅提高了企业的运营效率和管理水平，也为企业的可持续发展奠定了坚实基础。

财务报表自动化生成的意义在于提升报表编制的效率与质量、增强企业财务管理的规范性与透明度以及促进企业财务管理的智能化与信息化发展。随着信息技术的不断进步和应用场景的日益丰富，财务报表的自动化生成将成为企业财务管理中不可或缺的重要组成部分，为企业的发展壮大提供有力支撑。

二、财务报表模板设计与定制

在自动化财务报表生成流程中，财务报表模板的设计与定制是至关重要的一环。一个合理、规范且符合企业实际需求的财务报表模板，不仅能够确保报表数据的准确性和一致性，还能提高报表编制的效率，促进企业财务管理的标准化和信息化。

（一）明确报表需求与目的

财务报表模板的设计与定制，首先需要明确报表的需求与目的。不同企业、不同部门乃至不同管理层级，对财务报表的需求可能存在差异。因此，在设计模板之前，必须深入了解企业的财务状况、业务模式、管理需求以及外部监管要求，明确报表的具体用途、所需包含的信息点以及报告的频率等。只有明确了这些需求，才能设计出既满足企业实际需求又符合会计准则和监管要求的财务报表模板。

（二）规范报表格式与结构

财务报表模板的设计应遵循一定的格式和结构规范。这包括报表的标题、编号、日期、编制单位等基本信息的设置，以及报表内部各项目、科目的排列顺序和逻辑关系。一个规范的报表格式和结构，有助于确保报表数据的清晰可读和易于理解，同时也便于报表的审核和对比分析。在设计模板时，应参考国家会计准则和相关法规的要求，结合企业的实际情况进行适当调整，确保报表的合法性和合规性。

（三）灵活性与可扩展性

财务报表模板的设计还应考虑其灵活性和可扩展性。随着企业业务的不断发展和变化，财务报表的内容和格式也可能需要相应地进行调整。因此，在设计模板时，应预留一定的灵活性和可扩展性空间，以便在需要时能够方便地进行修改和扩展。例如，可以设置一些可选的报表项目或科目，或者采用参数化的设计方式，使得用户可以根据实际需求调整报表的生成逻辑和展示方式。这样不仅可以满足企业当前的需求，还能为未来的发展预留足够的空间。

（四）自动化与集成能力

财务报表模板的设计与定制还应充分考虑其自动化和集成能力。在自动化财务报表生成流程中，模板是连接数据源和报表输出的关键环节。因此，模板应具备良好的自动化处理能力，能够自动从企业的财务系统中提取数据、进行计算和汇总，并生成符合要求的财务报表。同时，模板还应具备与其他信息系统（如ERP、CRM等）的集成能力，实现数据的共享和交换，提高整个财务管理流程的效率和准确性。为了实现这一目标，可以采用先进的软件开发技术和工具，如 XML、JSON 等数据交换格式以及 API 接口等集成方式，确保模板的自动化和集成能力得到充分发挥。

财务报表模板的设计与定制是自动化财务报表生成流程中的重要环节。通过明确报表需求与目的、规范报表格式与结构、提高模板的灵活性与可扩展性以及增强其自动化与集成能力等措施，可以设计出既符合企业实际需求又具备高效、准确、规范特点的财务报表模板，为企业财务管理的现代化和智能化提供有力支持。

三、数据源整合与数据清洗

在自动化财务报表生成流程中，数据源整合与数据清洗是确保报表数据准确性和可靠性的关键步骤。这一过程涉及从多个来源收集数据、统一数据格式、纠正错误数据以及剔除无效数据等多个环节。

现代企业的财务数据往往分散存储在多个系统中，如 ERP 系统、CRM 系统、会计软件等，这些系统之间可能存在数据格式不一致、数据冗余或缺失等问题。因此，数据源整合成为自动化财务报表生成流程中的首要任务。通过整合来自不同系统的数据，可以形成一个全面、完整且一致的数据集，为后续的报表编制提供坚实的基础。这一过程的复杂性在于需要处理不同系统间的数据接口、数据转换规则以及数据同步机制等问题。然而，其必要性在于确保报表数据的全面性和准确性，避免因数据分散而导致的信息孤岛和决策失误。

（二）数据清洗的精细度与标准化

数据清洗是数据源整合后的关键环节，它直接关系到报表数据的准确性和可靠性。在数据清洗过程中，需要对数据进行细致的检查和修正，包括纠正错误数据、填补缺失值、删除重复记录以及处理异常值等。这一过程需要高度的精细度和标准化操作，以确保清洗后的数据既符合会计准则和监管要求，又能够准确反映企业的财务状况和经营成果。为了实现这一目标，可以制定详细的数据清洗规则和流程，采用自动化工具进行批量处理，并设置严格的数据质量检查机制，确保每一环节都达到既定的标准和要求。

（三）技术工具与方法的创新应用

在数据源整合与数据清洗过程中，技术工具与方法的创新应用起着至关重要的作用。随着大数据、人工智能等技术的不断发展，越来越多的先进工具和方法被引入到财务管理领域，为数据源整合与数据清洗提供了更加高效、智能的解决方案。例如，可以利用数据集成平台（DIP）实现不同系统间的数据整合和交换；采用机器学习算法自动识别并纠正错误数据；运用自然语言处理技术（NLP）解析和提取非结构化数据中的财务信息等。这些技术工具与方法的应用，不仅提高了数据源整合与数据清洗的效率和准确性，还为企业财务管理的智能化和自动化提供了有力支持。

数据源整合与数据清洗是自动化财务报表生成流程中不可或缺的重要环节。通过解决数据源整合的复杂性问题、确保数据清洗的精细度与标准化以及创新应用技术工具与方法等措施，可以确保报表数据的准确性和可靠性，为企业的财务管理和决策提供有力支持。在未来的发展中，随着技术的不断进步和应用场景的日益丰富，数据源整合与数据清洗的方法和手段也将不断创新和完善。

四、自动化报表生成工具与平台选择

在推动财务报表自动化生成的进程中，选择合适的自动化报表生成工具与平台是至关重要的一步。这些工具与平台不仅影响着报表生成的效率与质量，还直接关系到企业财务管理的整体效能。

（一）功能全面性与灵活性

一个优秀的自动化报表生成工具或平台，首先应具备全面的功能覆盖，能够满足企业多样化的报表编制需求。这包括但不限于财务报表（如资产负债表、利润表、现金流量表等）的自动生成、报表格式的自定义设置、数据源的灵活接入与整合以及报表数据的深度分析与挖掘等。同时，平台还应具备高度的灵活性，能够根据不同企业的实际情况进行个性化配置和扩展，以适应企业不断变化的业务需求和管理模式。这种全面性与灵活性的结合，是确保自动化报表生成工具或平台能够长期服务于企业的基础。

（二）易用性与用户体验

除了功能全面性与灵活性外，自动化报表生成工具或平台的易用性与用户体验也是不可忽视的重要因素。一个易于上手、操作简便的工具或平台，能够大大降低用户的学习成本和使用难度，提高报表编制的效率。同时，良好的用户体验还能够增强用户的满意度和忠诚度，促进工具或平台的持续应用和优化。为了实现这一目标，工具或平台的设计应充分考虑用户的操作习惯和需求，提供直观的操作界面、清晰的流程指引以及完善的帮助文档和技术支持服务。

（三）数据安全与合规性

在自动化报表生成过程中，数据安全与合规性是企业必须高度重视的问题。财务报表作为企业的重要财务信息载体，其数据的保密性、完整性和可用性直接关系到企业的经济利益和声誉。因此，在选择自动化报表生成工具或平台时，必须对其数据安全保障措施和合规性进行严格审查。这包括但不限于数据加密存储、访问权限控制、数据备份与恢复机制以及符合国家和行业标准的数据处理流程等。同时，工具或平台还应支持企业内部审计和外部审计的需求，确保报表数据的真实性和可靠性符合相关法律法规和监管要求。

自动化报表生成工具与平台的选择是一个综合考虑多方面因素的决策过程。企业在选择时应重点关注工具或平台的功能全面性与灵活性、易用性与用户体验以及数据安全与合规性等方面。通过科学评估和合理选择，企业可以充分利用自动化报表生成工具与平台的优势，提高财务报表编制的效率和质量，为企业的财务管理和决策提供有力支持。同时，随着技术的不断进步和市场的不断发展，企业还应持续关注并评估现有工具或平台的性能和适用性，及时调整和优化选择策略以适应企业发展的需要。

第二节　Python 脚本与 ERP 系统集成

一、ERP 系统概述与数据接口

在探讨 Python 脚本与 ERP 系统集成的过程中，首先需要对 ERP 系统有一个全面而深入的理解，特别是其基本概念、核心功能以及数据接口的设计与管理。ERP（enterprise resource planning）系统作为现代企业管理的核心工具，其集成性、实时性和准确性对于企业的运营决策至关重要。

（一）ERP 系统的基本概念与核心价值

ERP 系统是一种集成了企业各项管理功能的信息系统，它打破了传统部门间的信息壁垒，实现了物流、资金流、信息流在企业内部的统一管理和高效流动。通过 ERP 系统，企业可以实时掌握生产、库存、销售、财务等各个环节的运营状况，为管理层提供全面、准确的数据支持。ERP 系统的核心价值在于优化资源配置、提升运营效率、降低运营成本，并帮助企业实现管理决策的智能化和精细化。

（二）ERP 系统的核心功能模块

ERP 系统通常包含多个核心功能模块，如财务管理、供应链管理、生产管理、人力资源管理等。这些模块之间相互关联、相互支持，共同构成了企业运营管理的完整体系。财务管理模块负责企业的资金管理和会计核算；供应链管理模块则关注物料的采购、库存管理和销售管理；生产管理模块则专注于生产计划的制定、生产过程的监控和成本控制；人力资源管理模块则负责员工的招聘、培训、绩效管理等。这些模块通过 ERP 系统的集成平台，实现了数据的共享和流程的协同，提升了企业整体的运营效率和管理水平。

（三）ERP 系统的数据接口与 Python 脚本集成

在 Python 脚本与 ERP 系统集成的过程中，数据接口的设计与实现是关键环节。ERP 系统通常提供多种数据接口方式，如 API 接口、数据库接口、文件接口等，以满足不同应用场景的需求。Python 作为一种功能强大且易于学习的编程语言，凭借其丰富的库和框架支持，成为与 ERP 系统集成的重要工具之一。通过 Python 脚本，企业可以灵活地访问 ERP 系统中的数据，实现数据的自动化处理和分析。

在集成过程中，首先需要明确数据接口的类型和规范，确保 Python 脚本能够正确连接并访问 ERP 系统。其次，需要根据业务需求编写 Python 脚本，实现数据的读取、处理、转换和写入等操作。这些操作可能涉及数据的清洗、去重、汇总、分析等多个环节，以确保最终输出的数据满足企业的实际需求。最后，还需要对集成效果进行测试和验证，确保数据的准确性和系统的稳定性。

此外，随着企业业务的不断发展和变化，ERP 系统的数据接口也可能需要进行相应的调整和优化。因此，在 Python 脚本与 ERP 系统集成的过程中，还需要考虑系统的可扩展性和可维护性，以便在未来能够方便地进行修改和升级。

ERP 系统作为现代企业管理的核心工具，其基本概念、核心功能模块以及数据接口的设计与实现对于企业的运营决策至关重要。Python 脚本与 ERP 系统的集成则为企业提供了更加灵活和高效的数据处理和分析手段，有助于企业实现管理决策的智能化和精细化。在未来的发展中，随着技术的不断进步和市场的不断变化，Python 脚本与 ERP 系统的集成将发挥更加重要的作用。

二、Python 脚本在 ERP 数据提取中的应用

在 ERP 系统与 Python 脚本的集成中，Python 脚本在 ERP 数据提取方面扮演

着至关重要的角色。通过编写高效的 Python 脚本，企业能够自动化地从 ERP 系统中提取关键数据，为后续的数据分析、报表生成及业务决策提供有力支持。

（一）自动化数据提取流程

传统上，ERP 系统中的数据提取往往依赖于人工操作，如通过 ERP 系统的用户界面手动导出数据或编写特定的 SQL 查询语句从数据库中提取数据。这种方式不仅效率低下，而且容易出错。而 Python 脚本的引入，则实现了数据提取流程的自动化。通过编写 Python 脚本，企业可以设定定时任务，自动从 ERP 系统中抓取所需数据，并保存到指定的文件或数据库中。这种自动化的数据提取流程不仅提高了工作效率，还减少了人为错误的发生，确保了数据的准确性和一致性。

（二）灵活的数据处理能力

ERP 系统中的数据往往以复杂的格式和结构存储，包括表格、关系数据库、文档等多种形式。Python 作为一种功能强大的编程语言，提供了丰富的库和框架来支持各种数据格式的处理。通过 Python 脚本，企业可以轻松地对 ERP 系统中的数据进行清洗、转换、合并和汇总等操作，以满足不同的业务需求。例如，可以使用 Pandas 库来处理表格数据，使用 SQLAlchemy 库来操作关系数据库，使用 BeautifulSoup 或 lxml 库来解析 HTML 文档等。这种灵活的数据处理能力使得 Python 脚本在 ERP 数据提取中具有广泛的应用前景。

（三）跨平台与可扩展性

ERP 系统通常部署在企业的服务器上，而 Python 脚本则可以在多种操作系统和平台上运行。这种跨平台的特性使得 Python 脚本能够轻松地与 ERP 系统集成，无论 ERP 系统部署在何种环境下，都可以通过 Python 脚本来实现数据的提取和处理。此外，Python 脚本还具有良好的可扩展性。随着企业业务的不断发展和变化，ERP 系统中的数据结构和业务流程也可能发生相应的调整。通过修改

Python 脚本中的相关代码，企业可以快速地适应这些变化，确保数据提取的准确性和及时性。

（四）安全性与合规性保障

在 ERP 数据提取过程中，安全性和合规性是企业必须高度重视的问题。ERP 系统中存储的数据往往包含企业的敏感信息和商业机密，一旦泄露将给企业带来严重的损失。因此，在编写 Python 脚本时，必须严格遵守相关的安全规范和法律法规要求。例如，可以采用加密技术来保护数据传输过程中的安全性；通过严格的权限控制来限制对 ERP 系统的访问；以及确保 Python 脚本的源代码不被恶意篡改或泄露等。此外，还需要对 Python 脚本进行定期的审计和测试，以确保其符合企业的安全标准和合规要求。

Python 脚本在 ERP 数据提取中的应用具有显著的优势和广阔的前景。通过自动化数据提取流程、灵活的数据处理能力、跨平台与可扩展性以及安全性与合规性保障等方面的优势，Python 脚本为企业提供了高效、准确、安全的数据提取解决方案。在未来的发展中，随着 ERP 系统的不断升级和 Python 技术的不断进步，Python 脚本在 ERP 数据提取中的应用将更加广泛和深入。

三、数据转换与映射策略

在 Python 脚本与 ERP 系统集成的过程中，数据转换与映射策略是确保数据准确性和一致性的关键环节。由于 ERP 系统与外部系统或分析工具之间可能存在数据格式、数据模型及数据标准上的差异，因此需要通过一系列的数据转换与映射操作，将 ERP 系统中的数据转换成目标系统或工具所能接受的形式。

（一）数据格式转换

ERP 系统存储的数据往往具有特定的格式，如 CSV、Excel、数据库表等。而在与 Python 脚本集成时，可能需要将这些数据转换为 Python 程序易于处理的数据结构，如列表、字典、Pandas DataFrame 等。Python 提供了丰富的库和工具来支持数据格式的转换，如使用 Pandas 库可以方便地读取 CSV 或 Excel 文件，并将其转换为 DataFrame 对象；使用 sqlalchemy 库可以连接数据库，并执行 SQL 查询语句，将查询结果直接转换为 DataFrame。数据格式转换的目的是确保 Python 脚本能够高效地处理 ERP 系统中的数据，为后续的数据分析和处理打下基础。

（二）数据模型映射

ERP 系统的数据模型通常基于特定的业务逻辑和流程设计，包含了大量的业务实体和关系。而在与外部系统或分析工具集成时，可能需要根据目标系统的数据模型要求，对 ERP 系统中的数据进行重新组织和映射。数据模型映射涉及到对源数据和目标数据之间关系的理解和分析，以及制定相应的映射规则。Python 脚本可以通过编写映射函数或利用数据转换工具，如 Pandas 的 merge、join 等操作，来实现数据模型的映射。通过数据模型映射，可以确保 ERP 系统中的数据能够按照目标系统的要求进行组织和展示。

（三）数据清洗与验证

在数据转换与映射的过程中，数据清洗与验证是不可或缺的一步。ERP 系统中的数据可能包含噪声、重复项、缺失值等问题，这些问题如果得不到有效处理，将会影响后续的数据分析和处理结果。Python 脚本可以通过编写清洗规则和使用相应的库（如 NumPy、Pandas 的缺失值处理、去重、填充等功能），对 ERP 系统中的数据进行清洗。同时，还需要进行数据验证，确保转换后的数据符合目标系统的数据标准和业务规则。数据清洗与验证的目的是提高数据的准确性和可靠性，为后续的数据分析和决策提供有力支持。

（四）自定义转换逻辑与策略

由于不同企业的 ERP 系统和业务需求存在差异，因此在实际应用中，可能需要根据具体情况制定自定义的数据转换逻辑与策略。这些自定义转换逻辑可能涉及复杂的业务规则、特殊的数据处理流程或特殊的格式要求等。Python 脚本提供了灵活的编程能力，允许开发者根据实际需求编写自定义的转换函数或模块。通过自定义转换逻辑与策略，可以确保 ERP 系统中的数据能够按照特定的要求进行转换和处理，满足企业的业务需求。

数据转换与映射策略在 Python 脚本与 ERP 系统集成中发挥着至关重要的作用。通过数据格式转换、数据模型映射、数据清洗与验证以及自定义转换逻辑与策略等环节的实施，可以确保 ERP 系统中的数据能够高效地转换为目标系统或工具所能接受的形式，为后续的数据分析和处理提供有力支持。在未来的发展中，随着数据集成技术的不断进步和 Python 生态的日益完善，数据转换与映射策略将变得更加灵活和高效，为企业带来更大的价值。

四、集成测试与性能优化

在 Python 脚本与 ERP 系统集成的过程中，集成测试与性能优化是确保系统稳定运行、提高处理效率的重要环节。通过全面的集成测试和细致的性能优化，可以及时发现并解决潜在的问题，确保系统能够高效地处理大量数据，满足企业的业务需求。

（一）集成测试的重要性

集成测试是在将 Python 脚本与 ERP 系统集成后，对整体系统进行全面验证的过程。它旨在确保各个组件之间的接口正确无误，数据能够按照预期在不同系统间流通，且系统能够处理各种正常和异常情况。集成测试的重要性在于它能够揭示出单独测试各个组件时难以发现的问题，如接口不匹配、数据格式错误、流程逻辑冲突等。通过集成测试，企业可以确保 Python 脚本与 ERP 系统的集成是可靠且稳定的，为后续的业务运营提供有力保障。

（二）测试策略与方法

在进行集成测试时，需要制定合适的测试策略和方法。首先，应明确测试目标和范围，确定需要测试的功能点、接口和数据流。其次，可以采用自动化测试工具来编写测试用例和执行测试，以提高测试效率和准确性。自动化测试工具可以模拟用户操作，对系统进行全面的测试，并自动记录测试结果和生成测试报告。此外，还可以采用黑盒测试和白盒测试相结合的方法，从用户角度和代码角度对系统进行验证。通过综合运用多种测试策略和方法，可以确保集成测试的全面性和深入性。

（三）性能优化的关键要素

在 Python 脚本与 ERP 系统集成后，性能优化是提高系统处理效率和用户体验的重要手段。性能优化的关键要素包括代码优化、数据处理优化、资源利用优化等。首先，应对 Python 脚本进行代码优化，去除冗余代码、优化算法和数据结构、提高代码执行效率。其次，应对数据处理流程进行优化，减少不必要的数据转换和传输开销，提高数据处理速度。此外，还需要对系统资源进行合理分配和利用，如优化内存使用、减少磁盘 I/O 操作、利用多核处理器并行处理等。通过综合优化这些关键要素，可以显著提升系统的处理能力和响应速度。

（四）持续监控与迭代优化

集成测试与性能优化是一个持续的过程，需要随着系统的运行和业务的发展不断调整和优化。企业应建立持续监控机制，对系统的运行状态和性能指标进行实时监控和记录。一旦发现性能瓶颈或潜在问题，应立即组织人员进行排查和解决。同时，还应根据业务需求和技术发展趋势进行迭代优化，不断提升系统的稳定性和处理效率。此外，还应注重用户体验的反馈和收集，及时调整和优化系统功能和界面设计，以提高用户满意度和忠诚度。

集成测试与性能优化在 Python 脚本与 ERP 系统集成中具有重要意义。通过全面的集成测试和细致的性能优化，可以确保系统稳定运行、提高处理效率并满足企业的业务需求。在未来的发展中，随着技术的不断进步和业务的不断扩展，企业应持续关注系统的性能和稳定性问题，并不断优化和完善集成测试与性能优化机制以确保系统的长期稳定运行和高效处理。

第三节　财务报表自动化审核与校验

一、财务报表审核的重要性

在 Python 脚本与 ERP 系统集成日益紧密的当下，财务报表审核作为企业财务管理中不可或缺的一环，其重要性愈发凸显。财务报表不仅是企业运营状况的直接反映，也是外部投资者、债权人、政府监管机构等利益相关方评估企业价值、做出决策的重要依据。因此，在 Python 脚本辅助 ERP 系统数据处理的背景下，深入探讨财务报表审核的重要性具有深远的意义。

（一）确保数据的真实性与准确性

财务报表是基于企业日常经营活动的财务数据编制而成的，其真实性和准确性直接影响到报表使用者的决策质量。在 Python 脚本与 ERP 系统集成的过程中，虽然自动化处理极大地提高了数据处理的效率和准确性，但也可能因系统配置错误、数据录入不当或脚本逻辑错误等原因导致数据偏差。因此，财务报表审核成为了一道重要的防线，通过对报表数据的仔细核对、逻辑分析以及异常值的排查，可以及时发现并纠正错误，确保报表数据的真实性与准确性。这一过程不仅是对企业自身负责，更是对广大报表使用者负责。

（二）提升财务管理水平

财务报表审核不仅仅是对数据的简单核对，更是一个深入剖析企业财务状况、识别潜在风险、优化管理策略的过程。在 Python 脚本的辅助下，审核人员可以更加高效地获取和处理财务数据，但如何将这些数据转化为有价值的信息，进而指导企业的财务管理实践，则依赖于审核人员的专业素养和判断能力。通过财务报表审核，企业可以及时发现财务管理中的薄弱环节和漏洞，采取针对性措施加以改进，从而提升整体财务管理水平。同时，审核过程中发现的问题和提出的建议也是企业不断完善内部控制体系、提高运营效率的重要参考。

（三）维护企业信誉与形象

财务报表作为企业与外界沟通的重要桥梁，其质量直接关系到企业的信誉和形象。一份真实、准确、完整的财务报表能够增强投资者信心、吸引潜在合作伙伴、赢得社会认可。相反，若财务报表存在虚假记载或重大遗漏，不仅会损害企业的信誉和形象，还可能引发法律纠纷和监管处罚。在 Python 脚本与 ERP 系统集成的背景下，虽然技术手段为财务报表的编制提供了便利，但也增加了数据被篡改或误报的风险。因此，加强财务报表审核显得尤为重要。通过严格的审核程序和标准，确保报表的真实性和准确性，是企业维护自身信誉和形象、实现可持续发展的关键所在。

财务报表审核在 Python 脚本与 ERP 系统集成背景下具有不可替代的重要性。它不仅是确保数据真实性与准确性的有效手段，也是提升财务管理水平、维护企业信誉与形象的重要途径。随着技术的不断进步和应用的深化，企业应更加重视财务报表审核工作，不断完善审核机制、提升审核效率和质量，为企业的稳健发展提供有力保障。

二、自动化审核规则设定

在财务报表自动化审核与校验的进程中，自动化审核规则的设定是核心环节，它直接关系到审核的准确性和效率。随着技术的不断发展，特别是 Python 脚本与 ERP 系统的深度融合，自动化审核规则的设计变得尤为重要。

（一）规则设计的全面性与针对性

自动化审核规则的设计首先需要具备全面性，即应覆盖财务报表的所有关键要素和潜在风险点。这包括但不限于财务报表的平衡性检查（如资产负债表两边是否相等）、数据的合理性验证（如收入与成本是否匹配）、趋势分析（如与前期数据对比是否有异常波动）以及行业标准对比（如企业的某些财务指标是否偏离行业平均水平）等。同时，规则设计还需具备针对性，即针对企业特定的业务模式和财务特点，量身定制审核规则。例如，对于制造业企业，可能需要特别关注存货周转率和应收账款回收期等指标；而对于服务业企业，则可能更关注营业收入和毛利率等指标。通过全面性与针对性的结合，可以确保自动化审核规则既全面覆盖又精准有效。

（二）规则逻辑的严谨性与灵活性

自动化审核规则的逻辑必须严谨，以确保审核结果的准确无误。这要求规则设计者在制定规则时，要充分考虑各种可能的情况和边界条件，避免因为逻辑漏洞而导致误报或漏报。例如，在设置数据合理性验证规则时，不仅要设定合理的阈值范围，还要考虑到特殊情况下的合理偏离（如季节性波动、一次性大额交易等）。同时，规则逻辑还需具备一定的灵活性，以适应企业业务发展和外部环境变化的需要。当企业的业务模式或市场环境发生变化时，审核规则应能够迅速调整以适应新的情况。这种灵活性可以通过模块化设计、参数化配置等方式实现，使得规则调整更加便捷和高效。

（三）规则执行的自动化与可追溯性

自动化审核规则的核心价值在于其自动化执行能力。通过 Python 脚本与 ERP 系统的集成，可以实现财务报表数据的自动提取、处理和审核，大大提高了审核的效率和准确性。在规则执行过程中，应确保各个环节的无缝衔接和顺畅流转，避免因为人为干预而导致的数据错误或延误。同时，为了保障审核结果的可追溯性，自动化审核系统应能够详细记录审核过程、审核结果以及任何可能的异常情况。这些记录不仅有助于后续的问题排查和整改，也是企业内部审计和外部监管的重要依据。通过实现规则执行的自动化与可追溯性，可以确保财务报表自动化审核与校验工作的规范化和标准化。

自动化审核规则的设定在财务报表自动化审核与校验中起着至关重要的作用。通过全面性与针对性的结合、严谨性与灵活性的平衡以及自动化与可追溯性的实现，可以构建出高效、准确、可靠的自动化审核体系，为企业财务管理提供有力支持。随着技术的不断进步和应用场景的拓展，自动化审核规则的设计也将不断完善和优化，以更好地满足企业财务管理的需求。

三、校验逻辑与异常处理

在财务报表自动化审核与校验的过程中，校验逻辑的构建与异常处理机制的设计是确保审核结果准确性和可靠性的关键所在。Python 脚本与 ERP 系统的集成为此提供了强大的技术支持，使得校验过程更加高效、精确。

（一）校验逻辑的严密性

校验逻辑的严密性直接关系到财务报表数据的准确性和合规性。在设计校验逻辑时，需要充分考虑各种可能的财务规则和会计准则，确保所有关键数据项都经过严格的检验。这包括但不限于数据的完整性校验（如检查是否存在空值或缺失项）、数据格式校验（如日期格式、数字格式等）、数据一致性校验（如不同报表间数据的勾稽关系）、以及业务逻辑校验（如收入与成本、利润与税负等是否合理匹配）。通过构建严密的校验逻辑，可以最大限度地减少数据错误和舞弊行为的发生，提高财务报表的质量。

（二）异常检测与识别

在自动化审核过程中，异常检测与识别是及时发现问题、防范风险的重要手段。异常可能表现为数据值超出正常范围、数据间关系不符合逻辑、或是与历史数据存在显著偏差等。为了有效识别这些异常，需要设计一套高效的异常检测算法，并结合业务知识和经验，对可能的异常情况进行预判和设定阈值。Python 脚本因其强大的数据处理能力和灵活的编程特性，非常适合用于实现异常检测逻辑。通过设定合理的检测规则和阈值，并结合自动化工具进行实时监控和预警，可以确保在第一时间发现并处理潜在的问题。

（三）异常处理流程的规范性

当自动化审核系统检测到异常时，如何快速、准确地处理这些异常同样至关重要。异常处理流程的规范性要求建立一套标准化的处理机制，明确异常处理的责任主体、处理流程、处理时限以及处理结果反馈等事项。在 Python 脚本与 ERP 系统集成的背景下，可以通过编写异常处理模块来实现这一功能。该模块应能够自动捕获并识别异常信息，根据预设的处理流程进行相应处理，并记录详细的处理日志以备后续查阅。同时，还应设置合理的报警机制，以便在异常情况严重时能够及时向相关人员发出警报。通过规范异常处理流程，可以确保异常得到及时、有效的处理，降低潜在风险对企业的影响。

（四）持续优化与迭代

校验逻辑与异常处理机制并非一成不变，而是需要随着企业业务的发展、会计准则的变化以及技术水平的提升而不断优化和迭代。因此，在财务报表自动化审核与校验的过程中，应建立持续优化的机制，定期对校验逻辑和异常处理规则进行审查和评估，及时发现并纠正存在的问题和不足。同时，还应关注行业内的最佳实践和技术创新，积极引入新的技术和方法来提升审核效率和准确性。通过持续优化和迭代，可以确保财务报表自动化审核与校验系统始终保持最佳状态，为企业财务管理提供强有力的支持。

第四节　自动化工作流与任务调度

一、自动化工作流的概念与优势

在数字化转型的浪潮中，自动化工作流作为提升企业运营效率、优化资源配置的重要手段，正日益受到企业的青睐。

（一）自动化工作流的基本概念

自动化工作流，简而言之，是指通过预设的规则和流程，自动执行一系列业务任务的过程。它打破了传统手动操作的局限，将原本需要人工干预的复杂流程转化为由计算机系统自动完成的序列化任务。这一过程涵盖了从任务触发、执行到监控、反馈的完整生命周期，实现了业务流程的标准化、规范化和高效化。自动化工作流依托于现代信息技术，特别是工作流管理系统（WFMS）的支持，能够灵活配置、动态调整，以适应企业不断变化的业务需求。

（二）提升运营效率与准确性

自动化工作流的最大优势在于显著提升企业的运营效率。通过自动化处理，大量重复、烦琐的手动操作被计算机系统所取代，减少了人为错误和延误，提高了任务处理的速度和准确性。同时，自动化工作流还能够实现任务的并行处理和智能调度，进一步优化资源配置，提高整体运营效率。在财务、人力资源、供应链管理等多个业务领域，自动化工作流的应用都带来了显著的效果提升。

（三）增强业务灵活性与响应速度

随着市场环境的快速变化，企业需要具备高度的业务灵活性和快速响应能力。自动化工作流通过模块化设计和流程可配置性，使得企业能够轻松调整业务流程，适应市场变化。当企业面临新业务需求或流程变更时，只需在系统中进行相应的配置和调整，即可快速实现流程的重构和优化。这种高度的灵活性和快速响应能力，使得企业在激烈的市场竞争中占据有利地位。

（四）促进跨部门协作与信息共享

自动化工作流还促进了企业内部的跨部门协作与信息共享。在传统的业务模式下，不同部门之间往往存在信息孤岛和沟通壁垒，导致业务流程不畅、效率低下。而自动化工作流通过统一的平台和工作流引擎，实现了跨部门任务的无缝衔接和实时信息共享。不同部门之间可以基于共同的工作流视图进行协同工作，提高了团队协作的效率和效果。同时，自动化工作流还提供了丰富的数据分析和报表功能，为企业决策提供了有力的数据支持。

自动化工作流以其高效、准确、灵活和协同的优势，正在成为企业数字化转型的重要驱动力。通过引入自动化工作流技术，企业可以显著提升运营效率、增强业务灵活性、促进跨部门协作与信息共享，从而在激烈的市场竞争中立于不败之地。未来，随着技术的不断进步和应用场景的不断拓展，自动化工作流将在更多领域发挥重要作用，为企业创造更大的价值。

二、任务调度系统的选择与配置

在构建自动化工作流体系时，任务调度系统的选择与配置是至关重要的一环。一个高效、灵活的任务调度系统能够确保各项任务按照预定的时间和顺序准确执行，从而提升整个工作流的运行效率和质量。

（一）系统性能与可扩展性

首先，任务调度系统的性能与可扩展性是选择时需重点考虑的因素。系统性能直接关系到任务处理的效率和响应速度，而可扩展性则决定了系统在未来业务增长时的适应能力和升级潜力。因此，在选择任务调度系统时，应充分评估其处理高并发任务的能力、资源利用率以及是否支持分布式部署和水平扩展。一个优秀的任务调度系统应具备高可用性、负载均衡和故障转移等机制，以确保在高峰时段或系统故障时仍能稳定运行。

（二）任务管理与调度策略

其次，任务管理与调度策略是任务调度系统配置中的核心环节。一个完善的任务管理系统应支持多种类型的任务定义，包括但不限于定时任务、依赖任务、循环任务等，并能根据业务需求灵活配置。调度策略方面，系统应提供丰富的调度算法和策略选项，如固定时间间隔调度、基于事件触发调度、优先级调度等，以满足不同场景下的需求。同时，系统还应支持任务的动态调整和优化，如根据历史执行数据自动调整任务执行时间、优先级或并发数等，以提高任务执行的效率和效果。

（三）集成与兼容性

最后，任务调度系统的集成与兼容性也是不可忽视的方面。在企业信息化环境中，任务调度系统往往需要与多个业务系统和工具进行集成，以实现数据的共享和流程的自动化。因此，在选择任务调度系统时，应关注其是否提供丰富的 API 接口和插件支持，以便与现有的 ERP、CRM、SCM 等系统进行无缝对接。此外，系统的兼容性也是一个重要考量因素，包括操作系统兼容性、数据库兼容性以及与其他第三方软件的集成能力等。一个兼容性良好的任务调度系统能够降低集成难度和成本，提高系统的整体稳定性和可靠性。

任务调度系统的选择与配置是构建高效自动化工作流体系的关键步骤。在选择系统时，应综合考虑系统性能与可扩展性、任务管理与调度策略以及集成与兼容性等因素；在配置系统时，则需根据企业的实际业务需求和技术环境进行灵活调整和优化。通过科学合理地选择和配置策略，可以确保任务调度系统能够充分发挥其优势，为企业带来更加高效、稳定和可靠的自动化工作流解决方案。

三、工作流设计与管理

在自动化工作流与任务调度的背景下，工作流的设计与管理是确保流程顺畅运行、提高业务效率的关键环节。

工作流设计的首要任务是进行流程规划与分析。这一过程需要对企业的业务流程进行全面梳理，明确各个环节的任务、责任人、输入输出以及相互之间的依赖关系。通过流程图、流程说明文档等工具，将复杂的业务流程可视化，有助于团队成员对流程有清晰的认识和理解。在流程规划阶段，还需对流程中的瓶颈、冗余环节进行识别和优化，以提高流程的整体效率。

（二）任务定义与分配

在流程规划的基础上，需要进一步定义各个任务的具体内容、执行标准、所需资源以及完成时间等要素。任务定义应尽可能详细、明确，以减少执行过程中的歧义和误解。同时，还需要根据任务的性质、复杂度和紧急程度，合理地将任务分配给相应的责任人或团队。在任务分配时，应充分考虑人员的专业技能、工作负荷以及协作关系等因素，确保任务能够得到有效执行。

（三）流程控制与监控

工作流的管理不仅涉及任务的执行过程，还包括对流程的整体控制和监控。通过引入工作流管理系统（WFMS），可以实现对流程执行状态的实时监控和跟踪。系统能够自动记录任务的执行时间、执行人、执行结果等信息，为流程的优化和改进提供数据支持。同时，系统还支持异常处理和流程回滚等功能，确保在任务执行出现问题时能够迅速响应并采取措施。流程控制和监控机制的实施，有助于提升流程的稳定性和可靠性。

（四）流程优化与迭代

随着企业业务的发展和变化，原有的工作流可能不再适应新的需求。因此，工作流的设计与管理是一个持续优化和迭代的过程。通过收集和分析流程执行过程中的数据和信息，可以识别出流程中的瓶颈、冗余环节以及潜在的改进点。基于这些数据和信息，可以对流程进行重构和优化，以提高流程的整体效率和效果。

此外，还需要定期对工作流进行审查和评估，确保其与企业战略目标保持一致并满足业务需求的变化。

（五）团队协作与沟通

工作流的设计与管理还涉及团队协作与沟通的问题。一个高效的工作流需要团队成员之间的紧密协作和有效沟通。因此，在设计工作流时，应充分考虑团队成员之间的协作关系和沟通渠道。通过引入项目管理工具、即时通信软件等协作平台，可以促进团队成员之间的信息共享和沟通协作。同时，还需要建立明确的沟通机制和责任体系，确保团队成员能够及时了解任务进展、解决问题并反馈意见。团队协作与沟通机制的完善，有助于提升团队的凝聚力和执行力，推动工作流的顺畅运行。

工作流设计与管理是自动化工作流与任务调度中不可或缺的一环。通过流程规划与分析、任务定义与分配、流程控制与监控、流程优化与迭代以及团队协作与沟通等五个方面的努力，可以构建出高效、稳定、可靠的工作流体系，为企业的发展提供有力支持。

四、自动化执行与监控策略

在自动化工作流与任务调度的实践中，自动化执行与监控策略是确保流程高效、稳定运行的关键。

（一）自动化执行机制

自动化执行机制是自动化工作流的核心。它依赖于预先定义的规则和流程，通过工作流引擎自动触发和执行任务。为了实现高效的自动化执行，首先需要确保工作流引擎的稳定性和可靠性，能够处理高并发、大数据量的任务。其次，需要合理设计任务间的依赖关系和触发条件，确保任务按照预定的顺序和逻辑执行。此外，还应考虑任务执行过程中的异常情况处理，如任务失败、超时等，确保系统能够自动进行重试、回滚或通知相关人员处理。

（二）实时监控与反馈

实时监控与反馈是自动化执行过程中不可或缺的一环。通过实时监控，可以实时了解任务的执行状态、进度和结果，及时发现并解决潜在问题。为了实现有效的监控，可以引入专业的监控工具和系统，对工作流引擎、任务执行过程、系统资源等进行全面监控。同时，还需要建立反馈机制，将监控到的信息及时反馈给相关人员，以便他们及时作出响应和调整。反馈机制应支持多种通知方式，如邮件、短信、即时通信等，确保信息的及时性和准确性。

（三）性能优化与资源调度

在自动化执行过程中，性能优化与资源调度是提高执行效率和稳定性的重要手段。性能优化可以通过优化任务执行逻辑、减少不必要的数据传输和处理、利用缓存和并行处理等方式来实现。资源调度则需要根据系统资源和任务需求进行合理分配和调度，确保资源的高效利用和任务的顺利执行。为了实现智能的资源调度，可以引入智能算法和机器学习技术，对系统资源和任务执行情况进行动态分析和预测，从而做出最优的调度决策。

（四）日志记录与审计

日志记录与审计是自动化执行与监控策略中重要组成部分。通过记录任务的执行日志，可以追溯任务的执行过程、分析问题的原因、评估系统的性能等。同时，日志记录也是满足合规性和审计要求的重要手段。因此，需要建立完善的日志记录机制，对任务的执行过程、系统操作、异常事件等进行全面记录。此外，还需要对日志进行定期审计和分析，以发现潜在的安全风险、性能瓶颈等问题，并及时采取措施解决。

（五）持续改进与迭代

自动化执行与监控策略的制定并不是一劳永逸的。随着企业业务的发展和技术环境的变化，原有的策略可能不再适用。因此，需要建立持续改进与迭代的机制，不断优化和完善自动化执行与监控策略。这包括定期评估策略的执行效果、收集用户反馈和意见、关注新技术的发展和应用等。通过持续改进和迭代，可以确保自动化执行与监控策略始终与企业的发展需求保持一致，为企业的发展提供有力支持。

自动化执行与监控策略是自动化工作流与任务调度中的重要环节。通过制定合理的自动化执行机制、实现实时监控与反馈、进行性能优化与资源调度、建立完善的日志记录与审计机制以及建立持续改进与迭代的机制等措施，可以确保自动化工作流的高效、稳定运行，为企业的发展提供有力保障。

参考文献

[1] 解晶晶. 大数据时代企业财务预算管理问题分析 [J]. 中国乡镇企业会计，2023(12)：37-39.

[2] 陈伟锋. 大数据环境下企业财务管理信息系统应用分析 [J]. 财讯，2023(23)：162-164.

[3] 王文博，程尧. 基于生成式 AI 的财务决策研究 [J]. 管理会计研究，2023(6)：9-17.

[4] 卢洁. 大数据背景下财务分析的价值导向探究 [J]. 环渤海经济瞭望，2023(11)：149-151.

[5] 何梦岩. 大数据时代财务会计面临的机遇与挑战 [J]. 投资与创业，2023，34(20)：73-75.

[6] 黄宏志. 大数据背景下企业财务数据可视化的有效路径分析 [J]. 中国产经，2023(18)：104-106.

[7] 班妙璇. 基于 Python 的财务数据可视化应用探究 [J]. 数字技术与应用，2023，41(5)：29-31.

[8] 班妙璇. Python 在企业财务数据分析中的应用 [J]. 现代商贸工业，2023，44(12)：58-60.

[9] 徐晓鹏，杨静，王生贵，等. 大数据与智能会计分析 [M]. 重庆：重庆大学出版社，202304.306.

[10] 孙占锋，王鹏远，李萍. Python 程序设计实践指导 [M]. 北京：中国铁道出版社，202302.199.

[11] 张晓芳，董坤景，赵丽娟. python 技术在财务分析中的应用研究 [J]. 邯郸职业技术学院学报，2022，35(4)：38-41.

[12] 刘坤. 大数据背景下财务管理优化分析 [J]. 质量与市场，2022(22)：13-15.

[13] 葛柳燕. 浅谈大数据会计课程改革与 Python [J]. 中国乡镇企业会计，2022(9)：178-180.

[14] 高登，敖凌文，廖瑞映. Python 基础与办公自动化应用 [M]. 北京：人民邮电出版社，2022.

[15] 程平，邓湘煜. RPA 财务数据分析机器人：理论框架与研发策略 [J]. 会计之友，2022(13)：148-155.

[16] 马婷，师佳英. Python 大数据分析在财务审计教学中的应用 [J]. 会计师，2021(24)：66-68.

[17] 续芹. 财务报表分析 [M]. 北京：人民邮电出版社，2021.

[18] 廖茂文. Python 自动化办公 [M]. 北京：电子工业出版社，2021.

[19] 许彦. Python 在财务数据挖掘和分析中的应用 [J]. 老字号品牌营销，2020(11)：45-46.

[20] 季红. 浅谈财务智能化在实际工作中的运用 [J]. 商讯，2020(23)：34-35.

[21] 黄红梅，张良均，张凌，等. Python 数据分析与应用 [M]. 北京：人民邮电出版社，2018.

[22] 经管之家，董铁群，曹正凤，等. Spark 大数据分析技术与实战 [M]. 北京：电子工业出版社，2017.